《反不正当竞争法》
一般条款的适用

董晓敏 著

知识产权出版社
全国百佳图书出版单位
—北京—

图书在版编目（CIP）数据

《反不正当竞争法》一般条款的适用/董晓敏著．—北京：知识产权出版社，2019.1（2020.1重印）

ISBN 978-7-5130-6028-8

Ⅰ.①反… Ⅱ.①董… Ⅲ.①反不正当竞争—经济法—法律适用—中国 Ⅳ.①D922.294.5

中国版本图书馆CIP数据核字（2019）第233309号

内容提要

反不正当竞争法一般条款近年来在司法实践中适用较多，也引发了较大争议。本书针对实践中存在的"有损害即有救济"的误区、过于宽松的兜底保护观念以及对不正当性的论述缺乏实质性考量因素等问题，借鉴侵权责任法中对于权利和权益区分保护的理论，结合实践中的典型案例，对一般条款的适用进行了具体化研究。对于与知识产权相关权益有关的纠纷，本书强调反不正当竞争法一般条款不能对知识产权法的保护对象提供与知识产权法同等的保护；对于其他与知识产权权益保护无关、纯粹涉及行为正当性判断的纠纷，如网络新型不正当竞争纠纷，本书提出建立若干因素组成的"动态系统"综合评估判断。

本书适用于知识产权和反不正当竞争法研究者、法官、律师以及企业知识产权管理人员。

责任编辑：龚 卫 李 叶　　　　　责任印制：刘译文
封面设计：段维东

《反不正当竞争法》一般条款的适用
董晓敏　著

出版发行：	知识产权出版社有限责任公司	网　址：	http://www.ipph.cn
电　话：	010-82004826		http://www.laichushu.com
社　址：	北京市海淀区气象路50号院	邮　编：	100081
责编电话：	010-82000860 转 8120	责编邮箱：	gongwei@cnipr.com
发行电话：	010-82000860 转 8101	发行传真：	010-82000893
印　刷：	北京九州迅驰传媒文化有限公司	经　销：	各大网上书店、新华书店及相关专业书店
开　本：	880mm×1230mm　1/32	印　张：	6.75
版　次：	2019年1月第1版	印　次：	2020年1月第2次印刷
字　数：	170千字	定　价：	30.00元
ISBN 978-7-5130-6028-8			

出版权专有　侵权必究
如有印装质量问题，本社负责调换。

前　言

　　"一般条款"在反不正当竞争法中具有重要地位和作用。对不正当竞争行为进行一一列举既不可能也无必要，多数国家的反不正当竞争法中都规定了一般条款。如1909年《德国反不正当竞争法》在世界上第一次采用了一般条款的立法模式，并在近100年的时间内发挥了重要作用，成为反不正当竞争法的"帝王条款"。《保护知识产权巴黎公约》（以下简称《巴黎公约》）和世界知识产权组织发布的《反不正当竞争示范规定》也有相应规定。我国2017年新修订的《反不正当竞争法》明确了第2条是一般条款，解决了1993年法律关于是否存在一般条款的争议。一般条款的灵活性使得反不正当竞争法的外延更加周密的同时，也带来了适用上的不确定性。

　　法国模式和德国模式是侵权责任法一般条款的两种代表。我国《侵权责任法》第6条第1款虽然形式上类似于法国的概括模式，但学者们普遍认为不能将其解释为对权利和利益提供了同等保护，即实质上采用了德国模式。该模式下，对于权利之外的纯粹经济利益损失，以不赔偿为原则，赔偿为例外，条件即为《德国民法典》第826条规定的悖俗侵权。《德国反不正当竞争法》一般条款亦起源于该条款。考虑到这种历史起源关系，又考虑到反不正当竞争法面对的是具有天然冲突性的竞争行为，适用一般条款确认不正当竞争行为更需谨慎和限制。应该以竞争自由作为其适用的逻辑起点，只有采取了不正当手段的竞争行为才构成非法、是例外。

一般条款需借助司法裁判将其具体化为判决的基准。一般条款具体化的途径一般有两种，一为价值补充，二为类型化。价值补充方面，反不正当竞争法一般条款采用的多是如"诚实信用""善良风俗""诚实惯例""商业道德"之类具有某种道德色彩的术语。但正如最高人民法院在"海带配额案"中所指出，公认的商业道德是指具有客观性的、在商业领域中为经营者所普遍接受的行为标准。所谓的"道德标准"和"竞争效果标准"之间并不存在本质冲突。总体上"不正当"的判断标准呈现出客观化的趋势，竞争本身的标准，即竞争行为的效果评估更加重要。关于类型化，我国相关研究总体尚处于较为初级的阶段，缺少广为接受的类型化总结。案件本身的特点决定了类型化具有较高难度，我国社会的急速变化更增加了这一难度，《反不正当竞争法》修订过程中"互联网条款"所引发的争议充分证明了这一点。我国适用一般条款的案件中有相当多的部分与知识产权相关权益保护有关，反不正当竞争法一般条款可以在何种程度和范围内对知识产权法提供补充保护，是一般条款适用中需要明确的重大问题。目前基本达成共识的观点是，一般条款提供的补充保护是有限的，而且该保护不能违背知识产权法的立法政策。

"劳动学说"和"功利主义学说"是两种比较有影响的知识产权正当性理论。劳动理论具有天然的道德吸引力，但未对人类社会其他重要价值给予充分考虑。功利主义论更符合目前制定法的规定实践。将"促进社会科技和文化进步，维护和扩大公有领域"作为专利和版权等智力成果权法的制度目标和立法政策,借鉴美国法下联邦知识产权法的先占原则,以"保护对象"和"同等权利"两个条件,作为判断反不正当竞争法一般条款的保护是否违反知识产权法立法政策的具体依据。反不正当竞争法一般条款不应对专利法和版权法的保护对象提供与该法同等的保护是否"同等"可以参考"额外要件"标准来判断。以有利于实现知识产权法的立法政策为导向,立法意图有模糊之处的,倾向于不保护。根据上述原则,本书分别对著作权法保护的作品、超过保护期的作品、通常不受保护的作品名称以及可能受保护的人物形象等作品元素是否能够适用反不正当竞争法一般条款进行保护以及如何适用进行了讨论。

在商业标识保护方面,商标法对注册商标提供了较为完善的保护,反不正当竞争法对符合一定条件的其他商业标识提供保护,二者一起构成了我国对商业标识的保护体系。目前我国商标法以及反不正当竞争法的相关规定还存在一定的不协调和不明确之处。商标法和反不正当竞争法具体条款已经基本涵盖对商业标识的保护,而且均有兜底性条款。本书认为对于商业标识一般无需再适用反不正当竞争法一般条款进行保护,除非商标法对所涉及的利益关系完全未予调整。对于注册商标,反不正当竞争法一方面没有必要给予重复保护,另一方面如果某行为依据商标法不构成侵权,一般情况下是已认定该行为应为他人可自由实施,反不正当竞争法也不应再行介入,否则可能与商标法的立法政策相冲突。以竞价排名纠纷为例,在搜索引擎服务商将自然搜索结果与付费搜索结果进行明确区分的情况下,将他人商标设置为竞价排名的搜索关键词,如果在搜索结果页面中显示的链接标题或者链接描述中亦使用了他人商标,容易造成混淆的,不需要引入所谓的初始兴趣混淆理论,即可认定构成侵犯商标权。如果仅有设置关键词的行为，网络用户不会产生混淆，则不构成侵犯商标权，亦不违反诚信原则，不构成不正当竞争。以该行为是否为商标性使用为标准，对其分别适用商标法和反不正当竞争法的作法不妥。商标性使用不是区分商标法和反不正当竞争法适用的好的标准，其容易导致"商标法不调整非商标性的使用，故反不正当竞争法一般条款可以自由进行评价"的误解。在现代社会，商标等商业标识可能具有多重含义，著名商标由于所蕴含的表达性含义可能已经成为公共话语的组成部分，对其保护不应阻碍公众在表达和信息流通方面的利益。

涉及网络的不正当竞争案件是目前适用一般条款的重要类型，不仅案件数量多，影响和争议也较大。2017年《反不正当竞争法》中互联网条款能解决的问题有限，对于比较宽泛的第（三）项以及作为兜底的第（四）项，该条本身并未规定可以指引适用的考虑因素和价值导向，实际适用时仍需结合一般条款的规定来对特定行为进行正当性评价。互联网领域创新密集，竞争激烈，适用一般条款认定不正当竞争行为既需要及时对新型竞争行为作出回应，保证市场良性发展，又需特别谨慎，以防不适当地干预竞争。法院尤其需要树立"竞争带来的损害是中性的"这一观念，避免由损害直接推论至"行为不正当"。在判断行为正当与否时，本书借鉴奥地利学者威尔勃格的"动态系统"理论，综合考虑若干因素并考虑因素之间的相互影响，最终得出结论。影响行为正当性判断的因素，首先是各方经营者的利益考量，包括原告所要求保护的利益、被告行为对原告利益的影响、原告采取避免损害措施的可能性及成本、被告正当的竞争需求、被告的行为是否歧视性针对原告等。在此基础上，还需考虑被告行为对消费者利益以及公共利益的影响。行业内被广泛接受的行业规范、自律公约或者技术规范等,在确认其合理性之后可以作为评价行为正当性的参考性依据。关于竞争关系,司法实践中关于广义竞争关系的论述,事实上已经不再要求双方具有竞争关系,勉强冠之以"竞争关系"的名义徒增论证负担且并无益处。反不正当竞争法的适用不以当事人之间存在竞争关系为前提,行为是否构成不正当竞争也不以竞争关系为前提。不以竞争关系来限制不正当竞争案件原告主体资格亦不会导致诉讼的泛滥。

目 录

导论 ········· 1
    一、研究的意义 / 1
    二、文献综述 / 4
    三、研究思路与方法 / 10

第1章 反不正当竞争法一般条款概论 ········· 15
  1.1 反不正当竞争法一般条款的基本概念及典型立法 / 15
    1.1.1 一般条款的概念和特征 / 15
    1.1.2 反不正当竞争法的一般条款及其典型立法 / 17
  1.2 我国《反不正当竞争法》一般条款适用状况及立法变化 / 30
    1.2.1 关于1993年《反不正当竞争法》一般条款的争论 / 30
    1.2.2 司法政策及司法实践对一般条款的态度及适用概况 / 33
    1.2.3 一般条款适用的主要案件类型 / 35
    1.2.4 2017年《反不正当竞争法》的相关修改及简要评价 / 39

1.3 我国反不正当竞争法一般条款适用存在的主要问题 / 46
　　1.3.1 "有损害即有救济"的误区 / 47
　　1.3.2 过于宽松的兜底保护观念 / 48
　　1.3.3 对不正当性的论证缺乏实质性考量因素 / 50
小结 / 51

第2章 反不正当竞争法一般条款适用的总体要求 …… 53
2.1 一般条款适用的前提 / 53
　　2.1.1 行为确有不正当性 / 54
　　2.1.2 穷尽具体规则方能适用一般条款 / 55
2.2 侵权责任法一般条款关于权益区分保护的启示 / 57
　　2.2.1 侵权责任法一般条款的两种模式 / 57
　　2.2.2 我国侵权责任法的一般条款 / 60
　　2.2.3 对反不正当竞争法一般条款适用的启示 / 63
2.3 一般条款对知识产权法的有限补充 / 66
小结 / 70

第3章 智力成果保护中反不正当竞争法一般条款的适用 …… 73
3.1 智力成果类知识产权的立法政策与一般条款的适用 / 73
　　3.1.1 关于权利正当性的两种代表性理论 / 73
　　3.1.2 两种学说对于一般条款适用的影响 / 76
3.2 美国法下盗用原则与先占问题的启发 / 78
　　3.2.1 INS案所反映出的盗用与知识产权法立法政策问题 / 79
　　3.2.2 美国最高法院关于先占问题的系列判决 / 81
　　3.2.3 美国1976年版权法明确的先占原则 / 86

3.2.4　对反不正当竞争法一般条款适用的启示 / 89
　3.3　与作品保护有关的一般条款适用问题 / 90
　　　3.3.1　认定侵犯著作权的，不应同时适用反不正当
　　　　　　竞争法一般条款 / 91
　　　3.3.2　对于不侵犯著作权或者未主张著作权的情形
　　　　　　如何适用一般条款 / 93
　　　3.3.3　影视作品中可视化人物形象：著作权法还是
　　　　　　一般条款保护 / 97
　3.4　与作品名称等作品要素保护相关的一般条款适用
　　　问题 / 101
　　　3.4.1　对作品名称的保护 / 102
　　　3.4.2　对人物及其他作品要素的保护 / 109
　小结 / 115

第4章　商业标识保护中反不正当竞争法一般条款的适用 ⋯ 117
　4.1　我国现行法下商业标识保护的制度体系 / 119
　　　4.1.1　制度现状 / 119
　　　4.1.2　存在的问题及其解决方案 / 121
　4.2　商标侵权还是不正当竞争：以竞价排名纠纷
　　　为例 / 126
　　　4.2.1　司法实践中处理竞价排名纠纷的不同路径 / 127
　　　4.2.2　将他人商标设置为搜索关键词与所谓的初始
　　　　　　兴趣混淆 / 132
　　　4.2.3　商标使用是否是区分适用商标法或反不正当
　　　　　　竞争法的标准 / 138
　4.3　对商标表达性含义的使用既不侵犯商标权也不构成不
　　　正当竞争 / 144

4.3.1　LV房地产广告案反映出的问题 / 144
　　　4.3.2　商标保护不应限制对其表达性含义的
　　　　　　使用 / 146
　小结 / 149

**第 5 章　涉及网络的新型不正当竞争纠纷中一般条款的
　　　　　适用** ·· 152
　5.1　在缺乏类型化参照的领域对一般条款进行价值
　　　补充 / 152
　　　5.1.1　反不正当竞争法一般条款的价值补充 / 153
　　　5.1.2　以涉及网络的新型不正当竞争纠纷为讨论
　　　　　　背景 / 159
　5.2　适用一般条款的考量因素——构建网络不正当竞争案
　　　件的动态分析系统 / 163
　　　5.2.1　经营者利益考量 / 163
　　　5.2.2　消费者利益及公共利益衡量 / 171
　　　5.2.3　行业规范、技术规范等体现的商业道德 / 173
　5.3　竞争关系 / 176
　　　5.3.1　竞争关系是否是认定不正当竞争行为的
　　　　　　前提 / 178
　　　5.3.2　竞争关系与竞争行为 / 179
　　　5.3.3　竞争关系与原告主体资格以及损害赔偿 / 180
　小结 / 183

结　　语 ··· 186

主要参考文献 ·· 191

导　论

一、研究的意义

一般条款在反不正当竞争法中具有重要地位，被称为"帝王条款"。[1] 反不正当竞争法的调整对象是变化多端的市场竞争行为，正如世界知识产权组织报告中所说："竞争世界是千变万化的，立法者不可能预测出将来可能出现的所有的不正当竞争行为，最有预见力的立法者也不能。"[2] 故关于反不正当竞争的法律中应该包含能够解决此种灵活性问题的制度设计，而设置一般条款则是多数国家，尤其是具有成文的反不正当竞争法的国家的选择。一般认为，一般条款的设立是在法定主义与自由裁量之间进行折中的产物。列举式的立法不可避免具有不周延性和滞后性等，一般条款可以克服这些局限性，但同时也带来了法律适用上的不确定性。一般条款多使用"诚实信用""善良风俗""工商业领域诚实惯例""不正当"等宽泛用语，一方面造成其内涵和外延的不确定，另一方面也使得它的适用高度依赖于法官的判断。不正当竞争法的成功主要依赖于法院对

---

[1] 范长军. 德国反不正当竞争法研究 [M]. 北京：法律出版社，2010：106.
[2] 世界知识产权组织国际局. 世界反不公平竞争法的新进展 [M] //漆多俊. 经济法论丛：第 1 卷. 北京：中国方正出版社，1998：279-337.

它的解释。❶ 我国《反不正当竞争法》2017 年刚刚进行过修订，修订后的法律明确了第 2 条属于一般条款。虽然对于修订前的《反不正当竞争法》第 2 条是否属于一般条款以及哪一款是一般条款，一直存在争论❷，但司法实践中一直将该条（主要是第 1、2 款）视为一般条款，最高人民法院在相关司法政策❸以及具体案件❹中均明确，对于反不正当竞争法没有明确列举的行为，可以依据该法第 2 条认定为不正当竞争行为。各级法院亦在大量案件中适用了《反不正当竞争法》第 2 条，对于在具体案件中如何适用一般条款，如何判断特定行为是否符合诚信原则和商业道德，实践中已经积累了一定的经验和共识。比如，最高人民法院在"海带配额案"中对适用一般条款的条件总结为如下 3 个：（1）法律对该竞争行为没有明确规定；（2）该行为确实对其他经营者的合法权益造成了实际的损害；（3）该竞争行为违反了诚实信用原则和公认的商业道德，从而具有不正当性或者说可责性。上述条件在许多案件中得到了引用。但总体来说，一般条款的适用依赖于法官在个案中对裁判规范的发

---

❶ 世界知识产权组织国际局. 世界反不公平竞争法的新进展［M］//漆多俊. 经济法论丛：第 1 卷. 北京：中国方正出版社，1998：279-337.
❷ 关于学者不同观点较为全面的归纳，可参见：周樨平. 反不正当竞争法一般条款具体化研究［D］. 南京：南京大学，2013.
❸ 《最高人民法院关于充分发挥知识产权审判职能作用推动社会主义文化大发展大繁荣和促进经济自主协调发展若干问题的意见》（法发〔2011〕18 号）第 24 条：妥善处理好反不正当竞争法的原则规定与特别规定之间的关系，既要充分利用原则规定的灵活性和适应性，有效制止各种花样翻新、层出不穷的不正当竞争行为，又要防止原则规定适用的随意性，避免妨碍市场自由公平竞争。
❹ （2009）民申字第 1065 号山东省食品进出口公司等与青岛圣克达诚贸易有限公司、马达庆不正当竞争纠纷：在具体案件中，人民法院可以根据《反不正当竞争法》第 2 条第 1 款和第 2 款的一般规定对那些不属于《反不正当竞争法》第 2 章列举规定的市场竞争行为予以调整，以保障市场公平竞争。

现，目前在我国，这一过程的确定性受到较为普遍的质疑。❶ 甚至有学者称"第 2 条成为一个无所不包、无所不能的巨大黑洞"。❷ 另有学者认为当前一般条款司法适用存在两个突出问题：一是对于适用条件把握不够准确和严格，对市场竞争不适当地干预过多；二是对其与知识产权法的关系认识混乱，或者不适当扩张专有权的保护范围，或者削弱知识产权法的调整功能。❸ 应当说该观点具有一定的代表性。关于反不正当竞争法与知识产权法的关系，最高人民法院相关司法政策已经有十分明确的认识，即"反不正当竞争法补充保护作用的发挥不得抵触知识产权法的立法政策，凡是知识产权法已作穷尽性规定的领域，反不正当竞争法原则上不再提供附加保护，允许自由利用和自由竞争，但在与知识产权法的立法政策相兼容的范围内，仍可以从制止不正当竞争的角度给予保护"❹。但在实践应用中，如何判断通过一般条款提供的保护是否与知识产权法的立法政策相冲突，仍然比较模糊。而在涉及网络的不正当竞争纠纷案件中，尤其引发了较多关于"反不正当竞争法一般条款的适用是否不适当地干预了竞争"的争议。本书从解决实践中的突出问题出发，讨论一般条款的适用问题，明确一般条款审慎适用的总体要求；划清其对知识产权法的补充保护范围，提出具体判断反不正当竞争法一般条款的保护是否与知识产权法的立法政策相冲突的方法；以涉及网络的新型不正当竞争行为为例，讨

---

❶ 谢晓尧，吴思罕. 论一般条款的确定性 [J]. 法学评论，2004 (3)：21-28.
❷ 李扬. 堵住《反法》二条的黑洞 [EB/OL]. 微信公众号"知产力"，[2015-11-13].
❸ 孔祥俊. 论反不正当竞争法修订的若干问题——评《中华人民共和国反不正当竞争法（修订草案）》[J]. 东方法学，2017 (3)：2-17.
❹ 《最高人民法院关于充分发挥知识产权审判职能作用推动社会主义文化大发展大繁荣和促进经济自主协调发展若干问题的意见》（法发〔2011〕18 号）第 24 条.

论一般条款适用中的价值补充和行为正当性的具体判断问题。

二、文献综述

本书写作主要参考了如下几类文献：（1）关于反不正当竞争法总体方面的研究；（2）关于民法和侵权责任法一般条款方面；（3）关于反不正当竞争法一般条款方面；（4）关于反不正当竞争法与知识产权法的关系以及知识产权制度正当性方面；（5）关于反不正当竞争法一般条款适用的具体问题方面，如竞价排名问题、商品化权问题、屏蔽视频广告问题等；（6）相关裁判文书。以下对文献中与本书主旨关系较为密切的相关内容做如下几个方面的归纳。

1. 权利保护和权益保护应有区别的观点得到普遍接受

如王利明教授认为："权利与利益在民法中享有的地位是不同的。与对民事权利的保护相比，对民事利益的保护应受到必要的限制。❶"在 2009 年民法学年会上，参加会议的学者一致认为："侵权法中，与绝对权相比，债权和利益所受到的保护程度和构成要件都是不同的。"❷❸ 对于绝对权以外的其他利益，法

---

❶ 王利明. 侵权法一般条款的保护范围 [J]. 法学家，2009（3）：19-31.

❷ 中国法学会民法学研究会秘书处. 关于《侵权责任法草案·二次审议稿》的若干建议. http://www.civillaw.com.cn/article/default.asp? id=45683，转引自：于飞. 违背善良风俗故意致人损害与纯粹经济损失保护 [J]. 法学研究，2012（4）：43-60.

❸ 关于侵权责任法一般条款对权利和权益的区分保护，民法学者有较多的研究和论述，尤其在我国《侵权责任法》制定和颁布前后。可参见：梁慧星. 我国《侵权责任法》的几个问题 [J]. 暨南学报（哲学社会科学版），2010（3）：2-15；葛云松. 纯粹经济损失的赔偿与一般侵权行为条款 [J]. 中外法学，2009（5）：689-736；于飞. 侵权法中权利与利益的区分方法 [J]. 法学研究，2011（4）：104-119；王成. 侵权之"权"的认定与民事主体利益的规范途径——兼论《侵权责任法》的一般条款 [J]. 清华法学，2011（2）：48-70；葛云松.《侵权责任法》保护的民事权益 [J]. 中国法学，2010（3）：37-51；龙俊. 权益损害之要件化 [J]. 法

律提供的是有一定条件限制的、低于权利的保护。反不正当竞争法和知识产权法正好体现了对于智力成果和商业成就的两种不同保护方式。❶

2. 反不正当竞争法的目标是促进和鼓励竞争

"自由竞争是最好的促进社会福利的方式"这一假定被普遍接受。❷ 自由竞争被视为满足经济供需平衡、维护消费者利益和整体经济利益的最佳手段。❸ "这类法律的理论基础是经济学上的帕累托效应,即自由的完全竞争环境是达到社会资源最优化配置的有效手段。"❹ 以自由竞争为原则,得出的结论是"模仿

(接上注)
学研究,2010(4):24-39;阳庚德.侵权法对权利和利益区别保护论[J].政法论坛,2013(1):99-106.

❶ 如李琛教授将二者分别称为"设权模式"和"竞争法模式",参见:李琛.论知识产权法的体系化[M].北京:北京大学出版社,2005:168-174.

❷ McCarthy J. Thomes. McCarthy on Trademarks and Unfair Competition [M]. 4th ed. Westlaw. © 2012 Thomson Reuters, §1: 1. 美国第三次反不正当竞争法重述第1条即强调了竞争自由原则(freedom to compete),参见:Restatement of The Law, Third: Unfair Competition, ST. PAUL. MINN., American Law Institute Publishers, 1995, §1, Comment a. 谢晓尧教授在对竞争秩序进行解读时也以"市场本位"作为基本立场,政府干预是维护自由竞争的干预。参见:谢晓尧.竞争秩序的道德解读——反不正当竞争法研究[M].北京:法律出版社,2005:引言.

❸ 世界知识产权组织国际局.世界反不公平竞争法的新进展[M]//漆多俊.经济法论丛:第1卷.北京:中国方正出版社,1998:279-337.竞争自由的重要性必然要求对反不正当竞争法一般条款的适用需要高度慎重,参见:蒋舸.反不正当竞争法一般条款的形式功能与实质功能[J].法商研究,2014(6):140-148.

❹ 郭禾.公平竞争与知识产权保护的协调[J].河南社会科学,2005(11):5-8.

自由、公有领域是原则，知识产权保护是例外"❶。本书未在经济分析方面着力，认同此一结论作为分析问题的前提。

3. 在判断反不正当竞争法的保护是否与知识产权法，尤其是专利、版权等智力成果权法的立法政策相抵触方面，本书借鉴美国法下解决联邦知识产权法对各州反不正当竞争法中"盗用"原则的先占（preemption）问题的判断标准❷

关于先占的标准，大致有如下观点。观点一：凡是知识产权法未保护的客体，均不能借助于反不正当竞争法获得保护，否则就与知识产权法立法政策相违背。如美国最高法院在1964年Sears-Compco两案❸所体现的观点。❹ 观点二：知识产权法中

---

❶ McCarthy J. Thomas. McCarthy on Trademarks and Unfair Competition [M]. 4th ed. Westlaw. © 2012 Thomson Reuters, §1: 2. 另可参见：李明德. 美国知识产权法 [M]. 2版. 北京：法律出版社，2014：12-13. 另有学者从知识产权立法的功利性目的出发，认为知识产权保护不是目的，而是手段。知识的自由流动和模仿自由是原则，知识产权保护是例外。参见：崔国斌. 知识产权法官造法批判 [J]. 中国法学，2006（1）：144-164.

❷ 参见本书第3章第3.2节相关内容。根据美国宪法的最高条款（Supreme Clause），在美国联邦和州两级立法中，联邦法居于优先地位，当州法与联邦宪法及法律有可能发生冲突时，联邦法优先适用，这种现象称为"联邦法先占"。对先占问题我国学者也有一定研究，如社会科学院张玉瑞老师在《商业秘密法学》一书中谈到版权法对商业秘密法的先占："……即使存在版权法先占，也只是形式上的，其给予权利人的救济与商业秘密完全相同，只不过援引的是版权法。如果商业秘密保护赋予更宽的救济，不能否定商业秘密法的适用。这样一来联邦法效力高于州法的要求，在形式上得到满足，同时又没有影响到权利人可以得到的实质救济。"参见：张玉瑞. 商业秘密法学 [M]. 北京：中国法制出版社，1999：88-89. 其认为先占只是"形式上"的：知识产权法与商业秘密法提供同样保护时，知识产权法先占；保护不一致时不会发生先占。但本书认为先占不只有形式上的意义，其还在实质上决定了当知识产权法不保护时，反不正当竞争法是否能提供保护。

❸ Sears, Roebuck & Co. v. Stiffel Co., 376 U.S. 225 (1964); Day-Brite Lighting, Inc. v. Compco Corp., 376 U.S. 234 (1964).

❹ 我国学者也有类似观点，如崔国斌教授认为，知识产权部门法在各自保护领域应独占适用。参见：崔国斌. 知识产权法官造法批判 [J]. 中国法学，2006（1）：144-164.

未提及某个客体，需区分立法机关是"未曾考虑过该问题"还是"表明了不予保护的态度"。对于前者，反不正当竞争法的保护并不与知识产权法相冲突。如美国最高法院在1973年的Goldstein案❶和1974年的kewanee案❷中的观点。观点三：美国版权法先占条款的规定。1976年《美国版权法》第301条（a）规定了先占的两个条件：版权法规定的同等权利以及版权法的保护对象。关于同等权利，一般采用"额外要件"标准进行判断，即如果在版权法所规定的复制、改编之外还要求有其他要件才构成对州法中权利的侵犯，则其不是与版权同等的权利，可以不被先占，如商业秘密法中所要求的秘密性等。本书认为，观点一过于绝对，观点二仍然缺乏具体的区分标准和方法❸，而美国版权法规定的"同等权利"和"保护对象"这两个条件，使判断反不正当竞争法一般条款的保护是否违背知识产权法的立法政策有相对具体的依据，值得借鉴。

4. 关于反不正当竞争法与商标法的关系，多数观点认可"补充说"或者"一般法与特别法关系说"❹，二者并无本质区别，只是分析角度不同

如果站在商业标识权益保护的角度，则反不正当竞争法是

---

❶ Goldstein v. California, 412 U.S. 546, (1973).

❷ Kewanee Oil Co. v. Bicron Corp., 416 U.S. 470 (1974).

❸ 如有美国学者认为可以分为"定性标准"和"分类标准"，认为前者显示了国会更强的先占意图，而后者可能仅仅是"未曾考虑过"该问题。参见：Paul Heald. Federal Intellectual Property law and The Economics of Preemption [J]. Iowa Law Review, 1991, 76: 959-1010.

❹ 如孔祥俊教授认为反不正当竞争法和知识产权法之间存在几种不同的适用情形，有时互不交叉，有时构成特别法与一般法的情形，还有可能只是法律规范竞合，可以选择适用。就商标侵权而言，商标法与反不正当竞争法是特别法和一般法的关系。参见：孔祥俊. 商标与不正当竞争法——原理和判例 [M]. 北京：法律出版社，2009：664-672.

商标法的重要补充；如果从防止不正当竞争的角度来看，行使商标权可以被视为一种特殊的竞争行为，所以可以把商标法划入反不正当竞争法的范畴。❶ 但另有观点认为商标法和反不正当竞争法对商标权益的保护是平行的，各自有独立的保护对象、规制方式、效力范围和保护重点，二者并无主从关系。另外，由于特别法排斥一般法的适用，故将反不正当竞争法与知识产权法关系认定为"一般法与特别法的关系"存在问题。❷ 更有学者认为，反不正当竞争法立足于竞争行为正当性的考量，无需受注册商标权利保护式思维的限制。比如在非类似商品上使用与知名商品相同、近似的商品名称或者包装、装潢，如果确实足以导致混淆、危害竞争秩序的，可以认定构成不正当竞争，而不必考虑与商标法保护体系的一致性。❸ 本书认为，与创造性成果权相比，商标权的保护确实有着不同的正当性基础。总体来看，商标法对注册商标的保护与反不正当竞争法对其他商业标识的保护不存在立法政策上的冲突，但应重视从体系化的角度，对商标法和反不正当竞争法一般条款以及仿冒条款进行协调和功能区分，避免保护程度上的冲突。

5. 关于适用一般条款案件的类型化

通常认为，一般条款具体化的主要方法是类型化。如德国学者黑费梅尔总结的适用德国反不正当竞争法一般条款的著名

---

❶ 郑友德，万志前. 德国反不正当竞争法的发展与创新 [J]. 法商研究，2007 (1)：125-133.

❷ 刘丽娟. 论知识产权法与反不正当竞争法的适用关系 [J]. 知识产权，2012 (1)：27-35. 另可参见：蔡永煌. 论反不正当竞争法与知识产权法的竞合关系 [J]. 知识产权，1997 (2)：32-36. 该文认为知识产权法与反不正当竞争法之间存在多种竞合关系，并不总是一般法与特别法之间的关系，但其分析系针对全部知识产权法而非商标法。

❸ 孔祥俊. 论反不正当竞争法的竞争法取向 [J]. 法学研究，2017 (5)：18-31.

案例群：妨碍购买决定自由、针对一定竞争对手的个别阻碍、对竞争对手从事扰乱市场的普遍性阻碍、榨取他人成果和违法占先。[1] 2004年《德国反不正当竞争法》进行了修改，将过去近百年来的学说和判例在1909年法律第1条之下所发展的稳定案例群进行了梳理，予以成文化，如该法第4条所列举的11种行为：妨碍决定自由（第（一）项）、利用无经验（第（二）项）、隐瞒广告性质（第（三）项）、在促销和有奖销售中遗漏相关信息（第（四、五）项）、摹仿竞争者的商品或服务（第（九）项）、有目的阻碍竞争对手（第（十）项）等。[2] 我国学者也对适用《反不正当竞争法》第2条的案件进行了类型化的分类。如郑友德、范长军教授认为：可根据法益进行类型化，再根据法益的主体标准进行细化，在我国司法实践的案例基础上，归纳出如下几类：对其他客体的仿冒行为、反向仿冒行为、侵犯他人在先权利的行为。[3] 邵建东教授把一般条款在我国司法实践中的适用领域归纳为：域名抢注、网络超链接、反向假冒、其他不当利用他人劳动成果的行为（抄袭模仿他人广告、使用他人不构成商业秘密的信息）。[4] 周樨平博士认为可以分为三种类型："不当利用他人竞争优势、破坏他人竞争优势和不当增加自身竞争优势。其中，第一种包括攀附他人商誉、利用他人成果的行为；第二种包括不当干扰经营、拦截商业机

---

[1] 沃尔夫冈·黑费梅尔. 通过司法和学说使《反不公平竞争法》的一般条款具体化 [M] //漆多俊. 经济法论丛：第3卷. 北京：中国方正出版社，2000.
[2] 郑友德，万志前. 德国反不正当竞争法的发展与创新 [J]. 法商研究，2007 (1)：125-133.
[3] 郑友德，范长军. 反不正当竞争法一般条款具体化研究——兼论《中华人民共和国反不正当竞争法》的完善 [J]. 法商研究，2005 (5)：124-134.
[4] 邵建东. 我国反不正当竞争法的一般条款及其在司法实践中的应用 [J]. 南京大学法律评论，2003 (1)：196-205.

会以及不公正评价竞争者；第三种包括不正当营销、违法行为。"❶ 但总体看来，共识不多。❷ 仅就涉及网络的不正当竞争行为而言，已有的类型化尝试也充分体现了标准的混乱和共识的缺乏❸，《反不正当竞争法》修订过程中所谓"互联网条款"中列举行为引发的争议也印证了这一点。本书认为，类型化客观上具有相当的难度，方法上也有一定的局限性❹，而且，参考我国目前司法实践对一般条款适用的现状以及争议，确定具体的不正当竞争行为类型并非最为急迫的任务。

三、研究思路与方法

从现有文献研究情况来看，专门以反不正当竞争法一般条款为主题的博士论文较少，本书仅检索到南京大学周樨平博士的论文——《反不正当竞争法一般条款具体化研究》与本书主题较为相关，但该文主要采用类型化的方法对一般条款具体化进行研究。专著方面，多数论著是对反不正当竞争法整体的研究，一般条款仅作为其中一个章节。期刊论文一部分是对反不正当竞争法一般条款的整体解释或研究，另一部分是与一般条款适用有关的某个方面的研究，如反不正当竞争法与知识产权法的关系、适用一般条款的案件中所涉及具体问题的评价等。

---

❶ 周樨平. 反不正当竞争法一般条款具体化研究 [D]. 南京：南京大学，2013.

❷ 参见本书第 1 章第 1.2 节。

❸ 有学者文章中对涉及网络的新型不正当竞争行为类型化的尝试进行了较多列举，参见：李扬. 互联网领域新型不正当竞争行为类型化之困境及其法律适用 [J]. 知识产权，2017（9）：3-12.

❹ 如于飞教授认为，类型化是以现实中大量已有的案例为分析起点，故存在一定的迟延性，社会的发展又会使得原有的类型化总结显得滞后，另外类型化也有不周延性和相互之间的矛盾性等弱点。参见：于飞. 公序良俗原则研究——以基本原则的具体化为中心 [M]. 北京：北京大学出版社，2006：161-164.

区别于现有研究，本书主要针对反不正当竞争法一般条款的适用问题，结合我国目前对一般条款适用中的突出争议，有针对性地进行研究，提出解决方案。首先，在总体上明确反不正当竞争法一般条款审慎适用的要求，竞争造成的损害并不必然应得到补偿，需对行为的不正当性进行实质性判断；其次，在与知识产权相关权益保护有关的纠纷中，明确反不正当竞争法一般条款适用的前提条件，尤其是不可适用的情形。我国理论界和司法实务界对反不正当竞争法一般条款所提供的补充保护不能与知识产权法的立法政策相冲突的观点已经有基本共识，但缺乏相对明确的判断方法。本书认为，知识产权法对智力成果权和商业标识性权利的保护具有不同的立法政策和正当性基础，反不正当竞争法一般条款对两类性质的权益提供保护时也相应具有不同的考虑因素；最后，在与知识产权相关权益保护无关的纠纷中，更直接涉及行为不正当的具体判断标准问题，本书认为，"诚实信用原则"和"公认的商业道德"这类含义宽泛的用语，本身足以容纳"道德说""习惯说"以及"效能竞争说"等各种实质性判断标准，且上述标准之间并不存在不能调和的冲突。正如德国学者黑费梅尔所言：这不取决于善良风俗的标准是什么，而在于它应该是什么。[1] 问题的关键并不在于冠之以何种名称，而在于如何对法官判断的过程和方法进行有效的指引。本书主要遵循上述思路，在如下几个方面提出了解决问题的方案。

（1）将反不正当竞争法一般条款放置于侵权责任法一般条款的视野下进行研究，明确其适用要件以及提供保护的逻辑起点。从历史起源来看，1909年《德国反不正当竞争法》第1条

---

[1] 沃尔夫冈·黑费梅尔. 通过司法和学说使《反不公平竞争法》的一般条款具体化 [M] //漆多俊. 经济法论丛：第3卷. 北京：中国方正出版社，2000.

关于一般条款的规定根源于《德国民法典》第 826 条即"悖俗侵权条款",该条与第 823 条的区别在于对尚未权利化的其他经济利益提供较弱和附条件的保护,即要求加害行为违背善良风俗且加害人为故意。借鉴德国侵权法一般条款的设置,反不正当竞争法一般条款的逻辑起点应该是,对于知识产权等专门权利保护之外的经营成果,以不保护、自由模仿为原则,只禁止特定的、不正当的行为。

(2)对如何判断反不正当竞争法一般条款的保护是否与知识产权法的立法政策相冲突进行了具体化研究。借鉴美国法上解决联邦知识产权法与州普通法中"盗用原则"冲突的"先占"理论,对于专利法、版权法等智力成果权类法律保护的客体,如果通过一般条款对其提供了与知识产权法同等的保护,应视为与知识产权法立法政策相冲突;如果一般条款的保护附加了区别于知识产权法的额外条件的,则可认为不冲突;对于知识产权法已经明确不予以保护的,不应通过反不正当竞争法一般条款再给予保护。

(3)在与反不正当竞争法关系更为密切的商业标识类权利保护方面,强调二者虽然不存在立法政策上的冲突,但更应注意保护的体系性和协调性,并对我国现行法中相关规定的矛盾冲突之处进行了分析,提出了完善的建议。从司法实践中适用一般条款的案件大量集中在与商标有关的商业标识冲突的现状出发,提出该类案件的判断可以具体条款化,以使一般条款的适用集中在更具争议性和更有必要性的案件中。根据我国目前的法律,注册商标可以在商标法下得到较为完善的保护,其他商业标识可以依据反不正当竞争法的仿冒条款得到保护,且两者均有兜底条款,本书认为,对于商业标识类权益已无需再适用一般条款。另外对商业标识在公共言论方面的作用和由此带来对其保护方面的影响进行了研究。

（4）关于一般条款适用的标准方面，本书认为，所谓的"道德标准"或者"竞争标准"并不当然矛盾，确立若干影响判断的考量因素可能是解决问题的更好办法。德国民法学者认为在确立悖俗侵权判例类型时的最佳途径——奥地利学者威尔勃格的"动态系统"理论，其实在知识产权领域有较为成熟的适用模式，如商标法中"混淆可能性"的多因素判断方法。本书尝试将该方法适用于网络环境下的不正当竞争行为判断中，列举了若干影响行为正当性评价的考虑因素，并结合具体案例对各因素对竞争行为正当性判断的影响以及因素之间的相互影响进行分析。

本书主要运用如下研究方法。

1. 文本研究

"大陆法系国家的法律主要是从文本出发的，否则的话彼此之间说服力会越来越弱。"❶ 法学研究传统上以文本为核心，本书对于反不正当竞争法以及与知识产权法关系的讨论（比如商标法与反不正当竞争法对商业标识的保护问题），紧密依托于具体问题和现有制度体系，是基于文本的研究。

2. 比较研究

德国作为世界上第一个制定成文反不正当竞争法以及第一个制定一般条款的国家，其关于反不正当竞争法一般条款的理论和实践十分丰富，对我国学者有较大影响。英美法传统上没有成文的不正当竞争法，但美国州普通法中的"盗用"诉由与反不正当竞争法一般条款有类似之处，其关于处理盗用原则与

---

❶ 苏永钦，王雷. 宏观洞见 精致思维——苏永钦教授访谈［J］. 人大法律评论，2011（1）：277-300.

联邦知识产权法关系的相关立法和实践具有较强的借鉴意义。

3. 案例研究

反不正当竞争法一般条款的适用高度依赖于法官的判断，正是相关的案例引发了理论上的争议和思考，而对于一般条款的适用标准和考虑因素等也需要从具体案例中加以提炼和探究，并用之以指导实践。

第1章
反不正当竞争法一般条款概论

1.1 反不正当竞争法一般条款的基本概念及典型立法

1.1.1 一般条款的概念和特征

对于一般条款的概念,法学家们有相对一致的论述。日本法学家我妻荣认为:私法上的一般条款通常是指"把法律上的要件制定为抽象的、一般的规定,具体适用听任法官,因而具有灵活性,可以根据社会情况的变化而追求裁判的妥当性"❶。我国台湾地区吴秀明教授认为:一般条款,或者称为概括性条款,是指性质上由一般性的、概括性的不确定法律概念或需价值补充的法律概念所组成,以使立法者能够广泛涵盖相关法律事实的法律条款。❷ 梁慧星教授认为:一般条款的核心是由具有原则性和抽象性的法律概念构成的,如诚实信用、公序良俗、情事变更等,这些概念的内涵和外延均不明确,无法通过逻辑操作直接适用于具体案件,法官在适用时,必须结合案情评价地加以补充,使其具体化,其规范功能始能显现。❸ 可见,一般条款的核心是立法者为了能够广泛涵盖相关法律事实而采用的

---

❶ 我妻荣. 新法律学辞典 [M]. 董璠舆,译. 北京:中国政法大学出版社,1991:24-25.
❷ 吴秀明. 竞争法研究 [M]. 台北:元照出版社,2010:6.
❸ 梁慧星. 民法解释学 [M]. 北京:中国政法大学出版社,1995:291-292.

不确定法律概念，其适用主要取决于法官在具体案件中进行的价值补充和具体化。关于一般条款与法律原则的关系，从上述梁慧星教授对一般条款的论述来看，其显然将二者基本等同，比如诚实信用原则、公序良俗原则均是公认的民法基本原则，也被视为一般条款。也有观点认为，法律原则与一般条款存在区别。法律原则通常不具有直接的规范作用，而主要通过指导规则的适用来体现其规范功能，其直接适用于个案应属于例外。一般条款则是介于"法律原则"和"法律规则"之间的规范，其具有明确的规范功能。❶ 另有学者认为，原则是高度抽象的"一般条款"。❷ 本书认为，以抽象程度不同来区分"法律原则"和"一般条款"不具有说服力和实际意义，而法律原则也并非不具有规范功能，如黄茂荣教授认为，法律原则可以存在于法律明文之中，也可以存在于法律基础或者法律之上❸，尤其对于存在于法律明文规定中的法律原则，其与一般条款几乎没有区别，故本书对一般条款、原则规定等表述不作详细区分。❹

从上述概念来看，一般条款具有如下特征：（1）高度概括性和抽象性。与具体规则不同，一般条款并非是对"预定事件

---

❶ 周樨平. 反不正当竞争法一般条款具体化研究 [D]. 南京：南京大学，2013.

❷ 侯佳儒. 民法基本原则之"成文法局限性克服论"反思——就《民法基本原则解释》与徐国栋先生商榷 [J]. 中国政法大学学报，2013（3）：100-111.

❸ 黄茂荣. 法学方法与现代民法 [M]. 北京：中国政法大学出版社，2001：377-378.

❹ 如谢晓尧教授在其《竞争秩序的道德解读：反不正当竞争法研究》一书中也认为，为论述方便，对法律原则、一般条款等概念不加区别，替换使用。参见：谢晓尧. 竞争秩序的道德解读——反不正当竞争法研究 [M]. 北京：法律出版社，2005：27. 实践中有关裁判文书及最高人民法院相关司法文件中也将《反不正当竞争法》第2条称为"原则规定"，如《最高人民法院关于充分发挥知识产权审判职能作用推动社会主义文化大发展大繁荣和促进经济自主协调发展若干问题的意见》（法发〔2011〕18号）第24条，本书亦将"原则条款""原则规定"与"一般条款"作同义理解。

的固定反应",其适用需要结合具体场合进行解释❶,需评价地加以补充。(2)授权性。一般条款的出现是立法者意识到其无法对所有要规范的事物一一作出规定,而以概括性的条款将形成具体规范的权力授予法官,由法官来进行价值判断❷和价值补充❸,使一般条款得以具体化为裁判规范。黄茂荣教授对一般条款存在的必要性有精辟的论述:人类认识到自己在规范的设计上尚有力不从心之处。我们尚不能完全知道哪些是应加规范的,对已认为应加规范者,又应如何才能清楚地加以规范?于是乃乞灵于开放性的概念,期能弹性地、演变地对生活事实加以规范,而不至于挂一漏万。❹ 在立法和司法领域,对于这一问题的认识也是基本一致的。

1.1.2 反不正当竞争法的一般条款及其典型立法

反不正当竞争法的一般条款是指反不正当竞争法所规定的、可以据以认定法律具体列举之外的不正当竞争行为的概括性条款。反不正当竞争法调整的是种类广泛且变化多端的市场竞争行为,如德国学者曾将不正当竞争行为比喻为"千变万化的海神"❺,一般条款的必要性由此显现。美国国会在制定《联邦贸易委员会法》的报告中称:"在反不正当竞争法领域人类拥有无

---

❶ 罗纳德·德沃金. 认真对待权利 [M]. 信春鹰,等,译. 北京:中国大百科全书出版社,1998:46.

❷ 如梁慧星教授认为,一般的法律概念中,进行价值判断的是立法者,而对于一般条款,法官是进行价值判断的主体。参见:梁慧星. 民法解释学 [M]. 北京:中国政法大学出版社,1995:292.

❸ 如杨仁寿先生认为,法官通过价值判断,使规范意旨具体化的过程和解释方法,称为价值补充。参见:杨仁寿. 法学方法论 [M]. 北京:中国政法大学出版社,1999:131.

❹ 黄茂荣. 法学方法与现代民法 [M]. 北京:中国政法大学出版社,2001:301.

❺ 曾陈明汝. 商标法原理 [M]. 北京:中国人民大学出版社,2003:152.

限的创造力。即使对所有已知的不正当竞争行为都进行了具体界定和禁止,也有可能会一切重新开始。如果国会采纳了这样一种定义方式,就会承担起一件永无休止的工作。"❶ 反不正当竞争法的一般条款概括和反映了不正当竞争行为的本质和认定标准,是反不正当竞争法的核心。与上述一般条款的一般性理论相一致,反不正当竞争法一般条款有如下功能:(1)补充完善功能,即弥补反不正当竞争法列举条款的不足,使法律对不正当竞争行为的调整更为周延;(2)作为竞争行为正当性判断标准的功能,对于法律没有明确规定的不正当竞争行为,法官可以借助于一般条款的规定及时对其进行有效的调整。❷

德国1909年制定了世界上第一部采用一般条款的《德国反不正当竞争法》,此种立法模式为多个国家采纳和效仿,也为《巴黎公约》等国际公约所采用。美国作为典型的判例法国家,其并没有联邦的反不正当竞争法,也就不存在如德国法中的一般条款,但其州普通法中存在的盗用诉由,对于商业成果的保护在一定程度上起到了大陆法系国家法律中一般条款的作用。以下分述之。

1. 德国

1896年,德国颁布了世界上第一部反不正当竞争单行法律,但出于自由主义经济政策下对限制经营者自由的慎重态度,更为追求法律的确定性,该法仅对误导、诋毁及泄露企业秘密等5种具体的不正当竞争行为进行了规定。这种列举式立法的缺陷很快暴露,面

---

❶ H. R. No. 1142, 63rd Cong. 2d Sess. 18-19 (1914);李明德. 美国反不正当竞争法研究 [M] //郑成思. 知识产权文丛:第9卷. 北京:中国方正出版社, 2003:237.

❷ 有学者将二者分别称为一般条款的"形式功能"和"实质功能",参见:蒋舸. 反不正当竞争法一般条款的形式功能与实质功能 [J]. 法商研究, 2014 (6):140-148.

对花样繁多和层出不穷的新的不正当竞争行为，1896年反不正当竞争法无能为力，不得不求助于1900年生效的《德国民法典》中的侵权法一般条款。而面对民法典中的3种一般侵权行为❶，德国尝试了以"营业权"或称"企业权"为代表的"绝对权化"路径❷，但最终转向了"悖俗侵权"模式❸，于1909年颁布了新

---

❶ 《德国民法典》3种一般侵权行为分别为：第823条第1款，故意或者过失侵犯他人绝对权；第823条第2款，违反以保护他人为目的的法律；第826条，违背善良风俗的方式故意致人损害。

❷ 营业权是1904年帝国法院为解决一起不正当竞争案件、在1896年反不正当竞争法没有一般条款的情况下提出来的一个理论。该案中，法院认为依据不存在的权利向其他企业发出侵权警告，造成其他企业财产损失，侵害了其他企业的营业权，可以类推适用《德国民法典》第1004条，受害人有权请求停止侵害。并且，如果行为人系故意或者过失为之，受害人有权依照第823条第1款请求损害赔偿。营业权理论曾经为德国理论界和司法所接受，但一直有争议。经营者对其顾客、利润等显然不具有如对物一般的排他权利，如果将企业经营活动中的利益视为绝对权，那么几乎所有的竞争行为都会因为损害其他经营者的上述"权利"而具有不正当性。为了避免该后果，法官们对侵害营业权的案件，要求在侵权对象和因果关系上具有"双重直接性"。学者也提出了用"框架权"的概念来论证营业权是属于第823条第1款，却不同于其他绝对权的"其他权利"，具体体现为侵害行为本身并不当然具有违法性，认定行为违法还必须进行利益平衡。德国学者梅迪库斯认为，营业权概念的出现反映了"权利在私法传统学说中长期以来所占的主导性地位"，以至于"遮挡住了考察其他思路的视线"。有观点认为，尽管德国学者对营业权进行了各种复杂的解释，但仍然无法跳出循环定义的怪圈——即营业权概念的产生是为了保护企业免受不正当竞争行为的损害，却又需要以竞争行为的正当性来限定营业权的范围。除了营业权本身内涵的不确定之外，德国学者还从其对侵权行为法结构上的伤害进行了论证，认为营业权没有存在的必要，应"逐渐走向其本来应有的安静的死亡"。相关内容可参见：范长军.德国反不正当竞争法研究[M].北京：法律出版社，2010：32-38；王博文.德国反不正当竞争法私法属性的历史和理论建构（上）[J].竞争政策研究，2016(4)：19-30.另外，我国反不正当竞争法发展过程中也曾经出现过"反不正当竞争权"的提法，与德国法上有关营业权的争论颇有可相对照之处。

❸ 有观点认为，可以把1896年《德国反不正当竞争法》以及此前的1892年《德国商标法》近似地看作采用第823条第2款的"违法侵权"路径，德国事实上尝试了全部三种侵权行为的一般条款，最终达成了符合反不正当竞争法目的和手段的解决方案。参见：王博文.德国反不正当竞争法私法属性的历史和理论建构（上）[J].竞争政策研究，2016(4)：19-30.

的《德国反不正当竞争法》，增加了著名的第 1 条即一般条款的规定，其直接来源就是《德国民法典》中的悖俗侵权条款。

1909 年《德国反不正当竞争法》第 1 条规定：商业交易中以竞争为目的违背善良风俗者，得请求其不作为及损害赔偿。该一般条款的设置取得了巨大的成功，在实践中日益为法院所依赖，据此认定了大量的不正当竞争行为[1]，成为"帝王条款"。德国法院及学者通过类型化的方法，对适用一般条款的案例进行归纳，形成"案例群"，一方面使一般条款中"善良风俗"的含义具体化，另一方面又可以指导新的待决事实的判断。如德国法学家黑费梅尔总结的著名案例群包括：妨碍购买决定自由、针对一定竞争对手的个别阻碍、对竞争对手从事扰乱市场的普遍性阻碍、榨取他人成果和违法占先[2]。

1909 年德国反不正当竞争单行法虽然历经 10 余次修改，但基本体例和基本规定保持不变，直至 2004 年法律修改。2004 年《德国反不正当竞争法》将大量根据 1909 年法律一般条款发展出的案例群予以吸收确认，同时将第 3 条作为新的一般条款，规定"不正当行为，不利于竞争者、消费者或其他市场参与者而足以不仅非显著地损害竞争的，是不合法的"。以"不正当"

---

[1] 德国学者 Schricker 著作中称，据统计，德国依据原则条款判决的案件占全部不正当竞争案件的 2/3。转引自：韦之. 论不正当竞争法与知识产权法的关系 [J]. 北京大学学报（哲学社会科学版），1999 (6)：25-33.

[2] 沃尔夫冈·黑费梅尔. 通过司法和学说使《反不公平竞争法》的一般条款具体化 [M] //漆多俊. 经济法论丛：第 3 卷. 北京：中国方正出版社，2000. 根据邵建东教授的介绍，黑费梅尔教授根据竞争手段的性质和指向的对象以及损害的利益，将适用一般条款的案件分为以下 5 种类型：诱捕顾客行为、阻碍竞争对手行为、不当利用他人劳动成果行为、违法行为、扰乱市场秩序行为，该分类成为德国通说。参见：邵建东. 德国反不正当竞争法研究 [M]. 北京：中国人民大学出版社，2001：60. 此两种总结基本一致，差别主要在于第 2 种增加了类似兜底性质的第 5 类。

代替了"善良风俗"的概念,据德国学者解释,原因有三:其一,善良风俗标准暗含了某种"道德上的缺陷",不必要地增加了竞争者的负担,显得陈旧过时;其二,更好地与共同体法相协调;其三,与《巴黎公约》第10条"反对不正当竞争之保护"的表述相一致。但是,德国学者也认为,这种修改并未导致根本的、实质的方向转变。❶

2008年《德国反不正当竞争法》再次进行了修订,主要目的是转化欧盟2004年发布的《不正当商业行为指令》。修改后的第3条增加了专门关于消费者的一般条款,但由于该条第2款规定中含有"至少"两个字,其开放性表述被认为与欧盟指令相冲突,且由于第1款和第2款中都包含了消费者利益标准,导致在适用针对消费者的具体条款时究竟以哪一款为一般条款存有争议,故德国于2015年再次修改了《反不正当竞争法》,对第3条的内容进行了拆分,第1款删除对主体的列举,第2款作为消费者一般条款的地位更加突出,删除了"至少"。

表1-1显示了德国反不正当竞争法一般条款的变化❷。

---

❶ 范长军. 德国反不正当竞争法研究 [M]. 北京:法律出版社,2010:84.

❷ 关于德国反不正当竞争法一般条款的相关发展过程,可参见:范长军. 德国反不正当竞争法研究 [M]. 北京:法律出版社,2010:第1章第2节及第3章第1节。2008年法内容及2015年修改内容可参见:柴耀田. 反不正当竞争法一般条款的体系化功能——德国2015年《反不正当竞争法》改革对中国修法的启示 [J]. 电子知识产权,2016(10):16-26. 该文认为,德国2015年修法实现了整部法律的二分性体系,明确竞争者保护和消费者保护应适用不同的不法判断标准,完善了立法结构。虽然看起来只是为转化欧盟指令而对文本的"小修",实际上暗含了改革的大手笔。

表 1-1　德国反不正当竞争法一般条款的变化

1909 年法	2004 年修改	2008 年修改	2015 年修改
第1条：商业交易中以竞争为目的违背善良风俗者，得请求其不作为和损害赔偿	第3条：不正当行为，不利于竞争者、消费者或其他市场参与者而足以不仅非显著地损害竞争的，是不合法的	第3条 第1款：不正当商业行为应受禁止，若该行为足以显著损害竞争者、消费者或其他市场参与者的利益。 第2款：针对消费者的商业行为至少在不符合经营者的专业谨慎标准，并能够导致消费者根据信息作出决策的能力显著受损，以至于作出其本不会作出的商业决定时，应受禁止。对此，以一般消费者为判断标准。商业行为针对特定的消费者群体时，以该群体的一般成员为标准。如果可明确其确定的某一消费者群体由于精神或身体上的缺陷、年龄或轻信而需要特别保护，并且经营者可以预见他的商业行为仅涉及这一群体，则以该群体的一般成员为判断标准	第3条 第1款：不正当商业行为应被禁止。 第2款：针对消费者的商业行为在不符合经营者的专业谨慎标准，并能够导致消费者根据信息作出决策的能力显著受损，以至于作出其本不会作出的商业决定时，应受禁止。对此，以一般消费者为判断标准。商业行为针对特定的消费者群体时，以该群体的一般成员为标准。如果可明确其确定的某一消费者群体由于精神或身体上的缺陷、年龄或轻信而需要特别保护，并且经营者可以预见他的商业行为仅涉及这一群体，则以该群体的一般成员为判断标准

2. 美国

众所周知，美国属于普通法国家，其继受的英国普通法传统上并没有"不正当竞争"（unfair competition）的概念，英国法院在早期案例中认为，允许法庭禁止某些其认为不适当的行为，对个人行动自由危害过大。❶ 英国法主要根据"仿冒"（passing-off）"诽谤"（defamation）"诋毁"（disparagement）等诉因禁止不正当竞争行为。在美国，早期不正当竞争的概念基本等同于英国法下的仿冒概念，与商标法的区别仅在于其保护的是注册商标以外的、获得了第二含义的其他标识。之后法院逐渐认可了对企业商誉的保护以及禁止竞争者对他人商业成就的盗用，一些法院在案例中提出"不正当竞争的概念不限于商业标志的混淆"，甚至有类似于一般条款的定义："反不正当竞争涵盖了所有规制有悖于诚实的工商业活动惯例的行为的制定法或非制定法的诉因。"❷

不正当竞争的概念由单纯的仿冒拓展到盗用，以美国最高法院 1918 年判决的 International News Service v. Associated Press（以下简称"INS"）案为重要标志。美国学者认为，该案即使不是不正当竞争领域最重要的案件，也至少是最重要的案件之一。❸ Pitney 大法官代表多数法官意见对该案作出了判决，认为虽然 AP 对于新闻事件并不享有对世的财产权，但由于双方当事人之间的竞争关系，其相对于 INS 可视为享有"准财产权"（quasi-property）。INS 利用了 AP 花费了劳动、技术和金钱并进行组织才获取的东西，作为自己的东西卖出并且与 AP 相竞争，是

---

❶ Lord Herschell in Allen v. Flood（1898）.
❷ Louis Altman, Malla Pollack. Callmann on Unfair Competition, Trademarks and Monopolies［M］. 4th ed. Westlaw. © 2017 Thomson Reuters.
❸ Louis Altman, Malla Pollack. Callmann on Unfair Competition, Trademarks and Monopolies［M］. 4th ed. Westlaw. © 2017 Thomson Reuters. 该案的起因是"一战"期间，INS 由于违反了英国政府关于新闻审查方面的规定而被禁止使用海底电缆从英国向美国传送战争消息。INS 从 AP 的公告栏或其先出版的报纸中复制新闻，并以之出卖给读者，AP 于是提起诉讼要求对 INS 上述行为发布初步禁令。最高法院支持了下级法院的禁令。

"试图在没有耕种过的土地上收获""收割了别人所耕种的庄稼归自己所有",并因此而获得了不应有的竞争优势,是一种"盗用"(misappropriation),构成不正当竞争。有观点认为,INS 案的意义在于通过强调竞争者之间特殊关系以及相互间的权利义务,从而得出"可以禁止竞争者从事某些行为,即使社会大众或者非竞争者允许从事该行为"的结论❶。盗用原则及其著名的"耕耘—收获"的比喻,为竞争者提供了一种宽泛的保护(对于原告花费大量劳动及金钱等创造出的产品,禁止被告不劳而获并以其与原告相竞争),一定程度上具有类似于反不正当竞争法的一般条款的功能。也正是由于其概念的宽泛性,从其产生之初,盗用原则就面临重大争议。INS 案中,Brandeis 大法官发表了雄辩的反对意见指出:"人类最高尚的产品——知识、真理、概念以及思想——在其自愿告知他人之后,就可以像空气一样被自由使用,这是法律的一般原则。"可以说,INS 的多数意见和反对意见正好代表了"反对不劳而获"与"竞争自由、模仿自由"两种相对立的价值观或者说逻辑出发点❷,而这几乎是所有不正当竞争法一般条款案件中反映出的冲突。盗用原则在发展过程中始终伴随着二者的对立和平衡。随着联邦知识产权法的逐步完善,盗用可适用的领域也在缩小。在美国法律协会

---

❶ Louis Altman, Malla Pollack. Callmann on Unfair Competition, Trademarks and Monopolies [M]. 4th ed. Westlaw. © 2017 Thomson Reuters, §15:4.

❷ Brandeis 大法官的反对意见还提及在面对新出现的利益冲突时,司法机关何时可以"能动司法",通过类比或者扩张解释现有法律以创设新的规则,何时应保持谦抑,留待立法机关解决这一难题。他认为:对于是否需要发展现有规则对新出现的不正义的情形予以救济,如果涉及复杂的公共利益衡量以及精细的实施细则,法官不适合创设新的法律规则,而需要求助于立法机关。这同样也是在反不正当竞争法一般条款适用过程中需要解决的一个重要问题。近 100 年的案例所讨论的问题,我们至今还在讨论,一方面足见其经典,另一方面也说明这种紧张关系大概是这个领域始终要面对的问题。

(以下简称"ALI") 1995 年公布的《反不正当竞争法重述(第三次)》(Restatement of The Law, Third: Unfair Competition)❶ 中,就没有承认一个统一的"盗用"规则,而仅规定了该原则具体适用的两种情形:商业秘密和公开权(right of publicity)。但即便如此,该重述第 1 条"基本原则"在具体列举了若干种不正当竞争行为之后,也仍然有一个类似于兜底的"其他行为"的规定❷,一定程度上也说明了在不正当竞争领域,给予法官一定的自由裁量权认定具体规定之外的不正当竞争行为始终是必要的,当然,必须有严格的条件限制。

成文法方面,美国并没有一部统一的联邦"不正当竞争法"。不正当竞争领域对联邦法律的需求看起来如此明显,20 世纪 60 年代初期也有相关的法案被提交至国会,并且其中包含了

---

❶ ALI 是非官方的私人机构,成立于 1923 年,该协会成立目的在于"对普通法进行整理和阐述,增强其清晰性、确定性和条理性。如果社会需求发生变化,为促进司法操作,在某些情况下可以对法律进行发展,宣告法律应为何处"。其主要通过编纂法律重述(Restatement)的方式实现上述目的。与反不正当竞争相关的内容最早出现在 ALI 发布的 1939 年第 1 次《侵权法重述》中,以"对经营关系的干预"为名,包括了 3 部分内容:从事经营的特权、来源混淆、商业秘密和虚假广告。在 1979 年公布的第 2 次《侵权法重述》中,与此有关的内容最终被删去,理由是反不正当竞争领域已经"如此专门化、如此地远离了侵权法的原则",以至于"把它涵盖于侵权法之下已经是不合适的了"。20 世纪 80 年代 ALI 理事会决定进行第 3 系列的重述编纂工作时,不正当竞争法成为了一个单独的项目,这也是《反不正当竞争法律重述》名称中"第三次"的由来。参见:Restatement of The Law, Third: Unfair Competition, ST. PAUL. MINN., American Law Institute Publishers, 1995, Foreword. 有关反不正当竞争法第三次重述的相关介绍,可参见:董晓敏. 美国的《反不正当竞争法律重述》[J]. 中国公证,2002(5).

❷ 该条规定:"一个人并不因为从事经营或贸易对他人的商业关系造成损害而承担责任,除非:(1)根据本重述规定导致该损害的行为是可诉的,包括重述第 2 章规定的欺骗性营销;第 3 章规定的对商标或其他来源标识的侵犯;第 4 章规定的对商业秘密或者公开权这种无形商业价值的侵犯;或者基于该行为的本质以及对寻求救济之人和社会公众的影响,可以认定为不正当竞争方法的其他行为。(2)该行为根据其他联邦或州的制定法,国际条约或其他普通法原则是可诉的。"

类似德国法和《巴黎公约》第 10 条中一般条款的规定,但是,该法案并没有获得通过❶。《联邦商标法》即《兰哈姆法案》第 43(a)条被视为不正当竞争条款,该条经 1988 年修改后适用范围更为广泛,基本可以涵盖仿冒、虚假宣传以及诋毁等内容,保护对象也扩展到了包括商业外观、非功能性的产品形状等❷,虽然内容已经很宽泛,但仍然仅涉及商业标识有关的保护,而无法成为更广泛的反不正当竞争法的一般条款。《联邦贸易委员会法》第 5 条从文字内容上类似于一般条款:商业中或影响商业的不正当竞争手段,不公平或欺骗性行为、作法,均视为非法。但该法仅是联邦贸易委员会(以下简称"FTC")的执法依据,是该条的唯一实施主体,类似于我国的行政执法。❸ 普通竞争者不能依据其对不正当竞争行为提起民事诉讼。但是,FTC 执法的案件可以上诉至美国联邦法院,而法院对于由 FTC 处理过的案件与纯粹私人之间的诉讼以同样的标准对待❹,故《联邦贸易委员会法》第 5 条在相关案件中也体现了其对于不正当竞

---

❶ Louis Altman, Malla Pollack. Callmann on Unfair Competition, Trademarks and Monopolies [M]. 4th ed. Westlaw. © 2017 Thomson Reuters, § 2: 11.

❷ 该条规定:任何人在商业中、在商品或服务上或与之相关方面、或在商品的容器上,使用任何文字、术语、名称、符号或图形、或其组合,或任何虚假的原产地标记、对事实的虚假或误导性描述,或对事实的虚假的或误导性表述,(A)可能引起对该人或他人的附属、联合或结合关系的混淆、误认或欺骗,或者对其商品或服务或商业活动来源于他人、由他人赞助或认可的混淆、误认或欺骗,或者(B)在商业广告或推广中,错误表述了他或她或他人的商品或服务或商业活动的性质、特征、质量或原产地,在任何人认为这种行为已经或者可能使其蒙受损害而提起的民事诉讼中,该人应承担责任。译文可参见:十二国商标法翻译组译. 十二国商标法 [M]. 北京:清华大学出版社,2013:505.

❸ 弗诺克·亨宁·博德维希(Frauke Henning-Bodewig). 全球反不正当竞争法指引 [M]. 黄武双,刘维,陈雅秋,译. 北京:法律出版社,2015:778-781.

❹ Louis Altman, Malla Pollack. Callmann on Unfair Competition, Trademarks and Monopolies [M]. 4th ed. Westlaw. © 2017 Thomson Reuters, § 1: 26.

争行为界限划定的作用,即实现了部分一般条款的功能。

在州制定法层面,很多州以 FTC 建议版本为基础颁布了《不正当贸易行为和消费者保护法》,不少立法中有类似《联邦贸易委员会法》第 5 条的表述。❶ 美国统一州法全国委员会(NCCUSL)起草的《统一欺骗性贸易行为法》《统一商业秘密法》等也为多个州所采纳,各州之间的差异在缩小。但即便如此,各州的法院对州法的实施和解释仍然可能不同甚至相互冲突。所以,尽管州法有统一的趋势,但距离形成反不正当竞争法一般条款仍然相去甚远。❷

3. 国际公约及 WIPO 示范规定

国际层面对反不正当竞争的规定主要来源于《巴黎公约》第 10 条之二。该条有一个类似于国内法上一般条款的规定:凡违反工商业领域诚实惯例的竞争行为构成不正当竞争行为。❸ 在欧洲学者的研究中,《巴黎公约》中引入反不正当竞争有如下原因:20 世纪初随着国际贸易的发展,主要工业国家的企业普遍抱怨其在国外遭遇到不正当竞争。并且人们认识到,在知识产权保护之外需要一种更为弹性的保护方式,以弥补无法援

---

❶ Restatement of The Law, Third: Unfair Competition, ST. PAUL. MINN., American Law Institute Publishers, 1995: 13.

❷ 弗诺克·亨宁·博德维希(Frauke Henning-Bodewig). 全球反不正当竞争法指引 [M]. 黄武双,刘维,陈雅秋,译. 北京:法律出版社,2015: 782-783.

❸《巴黎公约》第 10 条之二完整规定如下:"(一)本联盟国家有义务对各该国国民保证给予制止不正当竞争的有效保护。(二)凡违反工商业领域诚实惯例的竞争行为构成不正当竞争行为。(三)下列各项应特别予以禁止:1. 采用任何手段对竞争对方的企业、商品或工商业活动造成混淆的一切行为;2. 在经营商业中利用谎言损害竞争对方的企业、商品或工商业活动的信誉的;3. 在经营商业中使用会使公众对商品的性质、制造方法、特点、使用目的或数量产生误解的表示或说法。"

引工业产权或者现有知识产权无法提供保护的情况。❶ 在这一背景下，1900 年布鲁塞尔修改会议达成了将制止不正当商业行为纳入《巴黎公约》框架的协议。1925 年海牙修改会议则引入了著名的不正当竞争的定义，并明确了两种特定和被普遍接受的不正当竞争行为——混淆和诋毁。1958 年里斯本会议上加入了第 3 种特定行为——误导，之后基本保持该框架不变。

1994 年《与贸易有关的知识产权协议》（以下简称"Trips"）虽然没有与不正当竞争相关的内容，但其第 2 条强调了成员国应遵守《巴黎公约》第 1 至 12 条以及第 19 条的规定，故借助于 Trips，《巴黎公约》第 10 条之二的影响得到了维持和加强。

鉴于《巴黎公约》第 10 条之二在 1958 年里斯本会议后没有进一步的发展，世界知识产权组织（以下简称"WIPO"）认为有必要将贸易与竞争领域的规则当代化，在 1994 年全球范围盘点反不正当竞争法的基础上，于 1996 年颁布了《反不正当竞争示范规定》（以下简称《示范规定》）及注释。由于其并非强制法，仅是为各国立法活动提供示范，并且该示范规定并未获得一致通过，这些均使得其无法对国际社会的反不正当竞争法产生如《巴黎公约》般重大的影响。但由于 WIPO 在知识产权领域的权威地位以及该示范规定全面、系统地反映了当时国际层面反不正当竞争法立法的趋势和导向，其内容亦值得研究和借鉴。

《示范规定》第 1 条也包含了一般规定，与《巴黎公约》第

---

❶ 弗诺克·亨宁·博德维希（Frauke Henning-Bodewig）. 全球反不正当竞争法指引 [M]. 黄武双, 刘维, 陈雅秋, 译. 北京: 法律出版社, 2015: 18-21.

10条之二类似[1]，将是否违反"诚实商业惯例"作为不正当竞争行为的判断依据。但根据注释，如果案件涉及不同国家的企业，各国司法机关在对诚实商业惯例概念进行解释时，需要考虑国际贸易中已经确立的各种诚实商业惯例，而不能仅考虑行为发生地国家的情况。并且《示范规定》没有像《巴黎公约》一样要求"竞争行为"，其意图是要涵盖双方之间没有直接竞争关系的情形。《示范规定》第1条特别提及了反不正当竞争保护与知识产权法的关系，认为二者是独立的，但并没有进行详细的说明。对该段的注释仅明确了反不正当竞争保护是在具体的知识产权保护之外的一种补充性保护，获得专利等知识产权保护并不妨碍反不正当竞争规定的适用，所举的例子也仅是发明人可以选择将自己的发明保持保密状态，从而适用商业秘密的保护，没有更多的关于二者关系的说明。另外，《示范规定》没有禁止所谓的"盲从模仿"（slavish imitation），认为无法确定是否有必要在专利之外引进此种保护。从该事例中也可看出，尽管该条规定称反不正当竞争保护与知识产权保护相互独立，但反不正当竞争法并不能毫无限制地提供补充保护。

---

[1] 《示范规定》第1条（1）【一般规定】a. 除第2条至第6条规定的行为和做法外，在工商业活动中违反诚实惯例的任何行为或者做法，均构成不正当竞争行为。b. 因不正当竞争行为遭受或可能遭受损失的任何自然人或者法人，有权获得规定的救济。(2)【第1条至第6条的规定与保护发明、工业设计、商标、文学和艺术作品以及其他知识产权的规定之间的关系】除保护发明、工业设计、商标、文学和艺术作品以及其他知识产权的任何规定外，第1条至第6条应独立地适用于这些对象。译文参见：孔祥俊．《反不正当竞争法示范法》及其注释 [J]．工商行政管理，1998（10）（11）（12）.

1.2 我国《反不正当竞争法》一般条款适用状况及立法变化

1.2.1 关于1993年《反不正当竞争法》一般条款的争论

我国1993年的《反不正当竞争法》是否存在一般条款一直以来都是一个有争议的问题❶，主要围绕该法第2条是否是一般条款展开。认为第2条并非一般条款的观点直接来源于对立法者意图的考察。在国务院提交全国人大常委会审议的《反不正当竞争法》草案中，第3条规定如下："本法所称不正当竞争，是指经营者在经营活动中，违背诚实信用的原则和公认的商业道德，损害或者可能损害其他经营者合法权益的行为。"该条款实际上赋予了执法者根据具体情况认定不正当竞争行为的权力。全国人大常委会审议该草案时认为给执法部门授权太大，可能导致执法不统一的问题，因此修改了该条规定，增加了"违反本法规定"几个字，其中的"本法"指的就是该法第2章的规定，即立法者所认为的不正当竞争行为，仅指第5~15条所明确规定的11种行为。从该修改过程可以明显看出，立法者的意图是对不正当竞争行为的认定采取法定主义的态度，故不应将第2条认为是一般条款。❷

尽管从上述立法者的意图来讲，似乎第2条并非一般条款的结论不容置疑，但本书仍然同意多数学者的观点，即认为第2

---

❶ 对学者观点较为全面的归纳，可参见：周樨平. 反不正当竞争法一般条款具体化研究 [D]. 南京：南京大学，2013.

❷ 孙琬钟. 反不正当竞争法实用全书 [M]. 北京：中国法律年鉴出版社，1993：29.

条是一般条款。首先，反不正当竞争法的立法目的是鼓励和保护公平竞争，保障市场经济的健康发展。将不正当竞争行为仅仅解释为第 2 章列举的具体行为，显然大大限缩了其适用范围，仅仅制止所列举的 11 种不正当竞争行为不足以建立或者维护良好的竞争秩序，不足以实现反不正当竞争法的立法目标。而客观上将全部不正当竞争行为一一列举既不可能，也无必要。故一般条款的设置有其必要性。❶ 其次，司法政策和司法实践中一贯承认第 2 条为一般条款。再次，从比较法的角度来看，多数国家的反不正当竞争法都设置有一般条款，如前述对德国等国家的相关介绍。最后，从法律解释的角度，将第 2 条解释为一般条款也不存在不可克服的障碍。"立法者"的解释并非严格意义上的"立法解释"，况且，虽然"历史解释"对于确定法律的含义而言有着十分重要的参考价值，但是，法律比立法者更聪明，法律一旦制定，历史解释（立法者意图解释）即只是解释方法之一，而且其解释并非具有决定意义。如果由于时间久远、环境变化等原因，使得立法者的意愿和目的不适合现实的需求，则可能需要让步于客观的"目的解释"❷。虽然有学者认为法院将第 2 条作为一般条款适用，是"在遵循逻辑而不顾现实矛盾和解决现实矛盾而抛弃逻辑问题的两难中，不得不选择

---

❶ 如刘春田教授文章中所称："严格地说，成文法律条文中明确列举的不正当竞争行为乃是法定的不正当竞争行为。这些属于显而易见的不正当竞争行为并非实践中不正当竞争行为的'底线'，真正的兜底是对那些法无明文规定，表面上隐性，却实为不正当竞争行为的规制。"参见：刘春田. 司法对《反不正当竞争法》的补充和整合 [J]. 法律适用，2005（4）：7-10.

❷ 卡尔·拉伦茨. 法学方法论 [M]. 陈爱娥，译. 北京：商务印书馆，2003（2016.11 重印）：219-222；王泽鉴. 民法思维：请求权基础理论体系 [M]. 北京：北京大学出版社，2010：189-191.

了后者"❶。但如上所述，司法解释固然是为了解决现实矛盾，但也并非不顾逻辑，将《反不正当竞争法》第 2 条作为一般条款具有解释论的基础。

还有一种观点认为第 2 条是"有限的一般条款"。其主要观点是，民法实行的是概括主义，对于法律没有明文规定的行为，法院可以根据基本原则来进行认定和处理，所以对于法院来说，《反不正当竞争法》第 2 条是一般条款。但对于实行法定主义的行政法而言，行政机关并不能依据第 2 条对法律没有明文规定的不正当竞争行为给予行政处罚，故该条是有限的一般条款❷。该观点对民事司法和行政执法进行区分是正确的，但有学者指出，"有限的一般条款"的说法容易造成误解，即认为其作为一般条款的功能存在限制，事实上第 2 条只是适用范围有限，其作为一般条款的功能是完备的❸。

除对 1993 年《反不正当竞争法》是否存在一般条款有争议外，对于第 2 条中哪一款为一般条款，学者们也有不同观点。谢晓尧教授认为第 2 款纯粹是描述性的，不存在具有普适功能的价值。而一般条款必须有超越一般规则的价值内涵，才能指导行为人的竞争行为，协调不同利益关系，为法院提供裁判标准。而且司法实践中绝大多数援引一般条款的判决都直接而明确地援引了第 1 款，即使概括引用第 2 条的判决中，说理部分都在力求证明行为不诚实、不道德、不遵守商业道德，从而

---

❶ 刘继峰. 反不正当竞争法的"不可承受之轻"——论一般条款的缺失及原则受限的改进 [J]. 北京化工大学学报（社会科学版），2010（3）：22-26.

❷ 孔祥俊. 反不正当竞争法的适用与完善 [M]. 北京：法律出版社，1998：53-56.

❸ 周樨平. 反不正当竞争法一般条款具体化研究 [D]. 南京：南京大学，2013.

应为法律禁止，这显然是第 1 款的标准❶。邵建东教授早期认为：第 2 条第 2 款除了是对"不正当竞争"这一核心概念的法定定义之外，还应当具有一般条款的意义和功能。❷ 但在之后发表的文章中，作者改变观点："不能将第二条前两款规定的内容完全割裂开来。一般条款既体现在第一款规定的诚实信用、公认的商业道德等竞争的基本原则中，也反映在第二款所定义的不正当竞争的概念中。"❸ 本书认为，第 1 款和第 2 款分别作为一般条款均有其缺陷，第 1 款实际上是对不正当竞争行为本质特征的规定，但其缺少"经营者未遵循该要求的法律后果"的规定，第 2 款则缺乏一般性的判断原则，故二者结合起来作为一般条款较为合适。

1.2.2 司法政策及司法实践对一般条款的态度及适用概况

尽管理论上存在上述争论，最高人民法院司法政策一贯认可第 2 条一般条款的地位。2007 年最高人民法院相关领导讲话中提到：对没有专门规定予以禁止的行为，如果确实违反了诚实信用原则或者公认的商业道德，并且有损害的事实，不制止不足以维护公平的竞争秩序时，可以予以制止。❹ 制止的法律依据其实就是反不正当竞争法第 2 条。2011 年最高人民法院发布的相关文件中更明确：对于反不正当竞争法没有具体规定予以

---

❶ 谢晓尧. 竞争秩序的道德解读——反不正当竞争法研究 [M]. 北京：法律出版社，2005：31.

❷ 邵建东.《反不正当竞争法》中的一般条款 [J]. 法学，1995（2）：33-35.

❸ 邵建东. 我国反不正当竞争法的一般条款及其在司法实践中的应用 [J]. 南京大学法律评论，2003（1）：196-205.

❹ 曹建明. 全面加强知识产权审判工作为建设创新型国家和构建和谐社会提供强有力的司法保障——在全国法院知识产权审判工作座谈会上的讲话 [EB/OL]. [2017-1-18].

禁止的行为，如果该行为确实对其他经营者的合法权益造成了损害，违反诚实信用原则和公认的商业道德因而具有不正当性，不制止不足以维护公平竞争秩序的，人民法院可以适用原则规定予以规制。❶

法院在具体案件中适用《反不正当竞争法》第2条认定了大量的不正当竞争行为。谢晓尧教授对907个不正当竞争案件进行统计，其中援引第2条的案件为323个，所占比例为35.7%。❷ 南京大学周樨平博士对北大法宝法律数据库（来源于《人民法院案例选》《中国审判案例要览》《最高人民法院公报》等各种途径）中收集的2865个不正当竞争案例进行统计，适用第2条认定不正当竞争行为的828个，占29%。❸ 北京市高级人民法院陶钧法官在文章中表明，北京法院系统2010年度至2015年4月期间判决的涉及网络的不正当竞争案件中，一般条款案件占37%。❹ 本书对中国裁判文书网2016年的裁判文书进行统计，不正当竞争案件2344件，其中适用第2条的303件，约占13%。各种数据来源之间的差异一方面因为所统计的样本差异，比如涉及网络的不正当竞争案件中，由于新问题较多，适用一般条款的比重相对更大一些；另一方面数据来源可能有不准确之处，比如本书的统计数字来自裁判文书网，可能收录文书不齐，又通过"技术手段+人工筛选"对适用第2条的案件进行统计，也可能存在误差。但总体看来，有相当数量的案件适用

---

❶ 《最高人民法院关于充分发挥知识产权审判职能作用推动社会主义文化大发展大繁荣和促进经济自主协调发展若干问题的意见》（法发〔2011〕18号）第24条。

❷ 谢晓尧. 在经验与制度之间：不正当竞争司法案例类型化研究 [M]. 北京：法律出版社，2010：89.

❸ 周樨平. 反不正当竞争法一般条款具体化研究 [D]. 南京：南京大学，2013.

❹ 陶钧. 涉网络不正当竞争纠纷的回顾与展望（一）——近五年北京法院审判的总体概况 [EB/OL]. 微信公众号"知产力"，[2015-5-15].

了一般条款,而且在全部不正当竞争案件中也占据了不小的比重。

而在具体条款的引用上,虽然最高人民法院在案件中指出:对于不属于《反不正当竞争法》第2章列举的市场竞争行为,人民法院可以依据《反不正当竞争法》第2条第1款和第2款的一般规定予以调整❶,即明确了第2条第1款和第2款为一般条款,但在实际适用中,法院一般情况下并不进行详细区分。本书统计的2016年案件中,在进一步筛选出的233件以一般条款作为法律依据的案件中,23件仅援引了第2条第1款,15件仅援引第2款,2件援引第3款,10件同时援引第1款和第2款,其余174件均笼统引用第2条,占比约3/4。

1.2.3 一般条款适用的主要案件类型

类型化是一般条款具体化的重要方法,通过对适用一般条款的案例进行研究,以从中发现真正具有指引作用的判断标准。所谓类型化,是指按照一定的标准将对象划分为不同类别的逻辑方法。学者认为,类型化是演绎法和归纳法的结合,对于个案来说,类型化需要采用归纳法抽象出共同的性质和特征;对于一般条款而言,却需要通过演绎法,具体化为特定的案例群。类型化所形成的案例群在德国不正当竞争法中占有重要地位,以至于法官在个案中几乎不需要直接适用一般条款,而是通过案例群,像英美法系的法官一样,把案件事实行为与最重要的判决中的规则进行比较,寻找适合的法官法规范。❷ 我国学者对

---

❶ 最高人民法院(2009)民申字第1065号民事裁定书,山东省食品进出口公司、山东山孚集团有限公司、山东山孚日水有限公司与马达庆、青岛圣克达诚贸易有限公司不正当竞争纠纷案(以下简称"海带配额案")。

❷ 郑友德,范长军. 反不正当竞争法一般条款具体化研究——兼论《中华人民共和国反不正当竞争法》的完善 [J]. 法商研究,2005 (5):124-134.

一般条款的适用也做了一定类型化的努力和研究,但相对较为简略,以下按照时间顺序加以说明。

(1) 一般条款在我国司法实践中的适用:域名抢注、网络超链接、反向假冒、其他不当利用他人劳动成果的行为(抄袭模仿他人广告和使用他人不构成商业秘密的信息)。❶

(2) 一般条款适用集中在两个领域:解决权利冲突、新型纠纷。❷

(3) 根据法益进行类型化,再根据法益的主体(竞争者的法益、消费者的法益和其他市场参与者的法益)标准进行细化,以我国司法实践中的案例为基础,归纳为对其他客体的仿冒行为、反向仿冒行为、侵犯他人在先权利的行为等几个类型。❸

(4) 法院运用一般条款判案,涉及财产利益的多,而与此无关的涉及商业行为正当性案件则并不多见。❹

(5) 我国相关案件主要集中在"不当利用他人劳动成果"的类型,对其他类型(比如阻碍竞争对手的行为、诱捕顾客行为、违法行为),由于消费者及消费者协会不享有相应的诉权,审理反不正当竞争案件的法院缺乏关注的视角❺,故案件较少。

(6) 基本分为传统领域的延伸和非传统领域两大类,前者包括无偿占有他人商业信誉为己牟利、通过其他方式妨碍他人

---

❶ 邵建东. 我国反不正当竞争法的一般条款及其在司法实践中的应用 [J]. 南京大学法律评论, 2003 (1): 196-205.

❷ 谢晓尧. 竞争秩序的道德解读——反不正当竞争法研究 [M]. 北京:法律出版社, 2005: 60-64.

❸ 郑友德, 范长军. 反不正当竞争法一般条款具体化研究——兼论《中华人民共和国反不正当竞争法》的完善 [J]. 法商研究, 2005 (5): 124-134.

❹ 谢晓尧. 在经验与制度之间:不正当竞争司法案例类型化研究 [M]. 北京:法律出版社, 2010: 124.

❺ 刘维. 反不正当竞争法一般条款的适用边界 [J]. 上海政法学院学报(法治论丛), 2011 (6): 42-48.

驰名商标；后者包括通过不正当手段获取他人可以合理预期获得的商业机会、改变或干预他人的商品或服务为己牟利、损害他人或者消费者的合法权益、违背合法的行业惯例。❶

（7）以一般条款认定不正当竞争行为的案件类型，可以分为 3 种。不当利用他人竞争优势：攀附他人商誉、仿冒他人商业标识、诱饵性利用他人标识、利用他人成果；破坏他人竞争优势：不当干扰经营、拦截商业机会、不公正评价竞争者；不当增加自身的竞争优势：不正当营销、违法行为。❷

（8）北京市第一中级人民法院调研报告将适用一般条款的案件类型分为以下几种："A. 不正当谋取竞争优势的行为：涉及商业标识权利冲突的不正当竞争行为、恶意设置网络搜索关键词、抄袭广告宣传、抄袭网页内容、篡改商品（服务）的联系信息、利用其他经营者的信息。B. 破坏他人竞争优势的行为：破解技术措施、抵制或干扰软件运行。C. 其他不正当竞争行为：特有艺术品的名称、涉嫌冒充他人作品、数据库。"❸

从上述类型化的总结来看，其中相同之处甚少，体现了较少的共识。多数仅是对所掌握案例的简单归纳，少数虽然提炼了分类的标准，但其后所列举的类型与其分类标准并无对应关系（如前述列举（3））。列举（7）和（8）相对比较全面并体现出较为清晰的分类方法，但更细的类型划分中仍具有一定的随意性，并且各类型之间认定不正当的标准是否有差别亦不明确。上述现状固然体现出我们的研究尚待深入，另一方面也是由于类型化本身的难度。不正当竞争行为个案性太强，且极其

---

❶ 李锦. 论"公认的商业道德"：基于判例的整理与研究 [J]. 法学研究，2012（11）：28-30.

❷ 周樨平. 反不正当竞争法一般条款具体化研究 [D]. 南京：南京大学，2013.

❸ 孔祥俊. 反不正当竞争法的创新性适用 [M]. 北京：中国法制出版社，2014：102-110.

依赖于个案事实，适用一般条款的案件尤其如此。有时，案件中一个独特的事实就能决定对某种竞争行为的总体评价。但是，通常情况下，一个独特的事实是不足以构成对一种竞争行为进行法律评判的基础的，需要从若干个事实中加以总结概括，才能确定总体上对该行为应进行积极的或者消极的评价。❶ 要提炼出既全面反映事实又有一定普适性的案件类型，难度可想而知。在快速变化的社会中，很多行为具有明显的阶段性，上述的列举其实也反映出了一定的发展特征，比如早期比较强调权利冲突、反向假冒、域名抢注等，如今要么已经有法律或者司法解释的明确规定，要么也已经有成熟的解决方案，不再是一般条款适用的疑难问题。❷ 类型化的方法与竞争行为的阶段性之间的矛盾，在涉及网络的新型不正当竞争案件中得到了充分体现。学者对涉及互联网的不正当竞争行为进行了多种类型化的努力，同样显示出标准的混乱和共识的缺乏。❸

---

❶ 沃尔夫冈·黑费梅尔. 通过司法和学说使《反不公平竞争法》的一般条款具体化 [M] // 漆多俊. 经济法论丛：第 3 卷. 北京：中国方正出版社，2000.

❷ 学者认为法院虽然适用《反不正当竞争法》第 2 条判决了大量的案件，但除互联网条款外，被新修订的反不正当竞争法吸收和类型化的很少，反映了所认定的多属情景性的短期行为，不适宜上升为法定行为类型，参见：孔祥俊. 论反不正当竞争法修订的若干问题——评《中华人民共和国反不正当竞争法（修订草案）》[J]. 东方法学，2017（3）：2-17. 事实上，除互联网条款外，2017 年《反不正当竞争法》第 6 条关于商业标识仿冒的规定也体现了对司法实践中案例的总结和类型化的吸收，但确实对于适用一般条款的案件进行类型化有其悖论：能够类型化的行为通常已经比较成熟，对其适用较少会引发争议，而新出现的行为难以归入原来的类型，某些类型化的行为随着市场发展已很少出现，尤其我国这样一个快速变化的社会或者像互联网这样快速变化的市场领域，这一现象更加突出。

❸ 李扬. 互联网领域新型不正当竞争行为类型化之困境及其法律适用 [J]. 知识产权，2017（9）：3-12. 文中对互联网领域不正当竞争类型化不足的原因有如下总结：互联网领域中的竞争行为大多具有阶段性，不具有普适性；缺少成熟、稳定的司法案例群，类型化的基础不足。但如前所述，即便在传统不正当竞争领域，类型化亦非易事。

尽管类型化是有效的一般条款具体化的途径，在德国等也有较为成熟和成功的实践，但如前所述，类型化客观上具有一定的困难，目前我国对适用反不正当竞争法一般条款的案件的类型化研究较难取得较大程度的共识。前述列举的观点（4）称我国适用一般条款的案件"涉及财产利益的多"，观点5也认为我国一般条款的适用集中于"不当利用他人成果"的领域，上述观察与本书对2016年适用一般条款的案件的整理情况基本相符。在265件案件中，涉及商业标识的案件数量最多：与商标权有关的案件128件；与1993年《反不正当竞争法》第5条第（二）（三）项规定的企业名称、知名商品特有名称等权益有关的27件；虚假宣传有关23件；关键词搜索案件16件；深度链接案件3件；屏蔽广告案件6件；商业秘密有关4件；串通投标1件；商业诋毁有关11件；域名案件5件；与著作权有关6件；涉及其他经营成果及行为13件；其他22件。故本书认为，可以从大的概念上，以是否"与知识产权相关权益保护有关"为标准将适用一般条款的案件分为两类，分别讨论其适用中的突出问题。在与知识产权相关权益保护有关的案件中，对竞争行为是否正当的判断基本等同于相关权益是否应受保护及是否构成对其侵害的判断，由于有知识产权保护要件可资借鉴，故重点在于明确反不正当竞争法一般条款在何种情况下和何种范围内可以提供补充保护，尤其是明确"不能提供补充保护"的情形，从反向划定一般条款的适用范围。而对于与知识产权相关权益无关的纠纷，需要正面讨论行为是否具有不正当性，构建相关的判断标准和要素。

1.2.4　2017年《反不正当竞争法》的相关修改及简要评价

2017年11月4日，第十二届全国人大常务委员会第30次会议修订通过了新《中华人民共和国反不正当竞争法》，于2018年1月1日起施行。为行文方便，本书将该法称为"2017年修订的《反不正当竞争法》"或者《2017年法律》。与本书讨论相关的修改主要集中在第2条、第6条和第12条。

1. 第2条修改情况及评价

关于第2条的规定，2017年修订的内容并不多，以表1-2可咨对比。

表1-2 《2017年法律》第2条修改对比

《2017年法律》	1993年《反不正当竞争法》
第2条 经营者在生产经营活动中，应当遵循自愿、平等、公平、诚信的原则，遵守法律和商业道德。 本法所称的不正当竞争行为，是指经营者在生产经营活动中，违反本法规定，扰乱市场竞争秩序，损害其他经营者或者消费者的合法权益的行为。 本法所称的经营者，是指从事商品生产、经营或者提供服务（以下所称商品包括服务）的自然人、法人和非法人组织	第2条 经营者在市场交易中，应当遵循自愿、平等、公平、诚实信用的原则，遵守公认的商业道德。 本法所称的不正当竞争，是指经营者违反本法规定，损害其他经营者的合法权益，扰乱社会经济秩序的行为。 本法所称的经营者，是指从事商品经营或者营利性服务（以下所称商品包括服务）的法人、其他经济组织和个人

对比可知，修订的主要内容包括：（1）将1993年《反不正当竞争法》中的"市场交易"修改为"生产经营活动"；（2）对不正当竞争行为所造成的危害，强调了对"市场竞争秩序"的扰乱，将该要素提前，置于"经营者或者消费者合法权益"之前，且"消费者权益"为本次新增；（3）"诚实信用"改为"诚信"，应仅为用语变化，"公认的商业道德"改为"商业道德"亦应认为无本质变化，但增加了应遵守"法律"的规

定；(3) 第 3 款对经营者的定义进行了修改。

由前述讨论已知，否认 1993 年《反不正当竞争法》第 2 条是一般条款的理由主要是立法者的意图，在《2017 年法律》的修改过程中，立法者将第 2 条作为一般条款的意图已经没有疑问。为表明这一态度，2017 年 2 月提交审议的《反不正当竞争法（修订草案）》曾刻意将第 2 条第 2 款修改为"本法所称的不正当竞争行为，是指经营者违反前款规定……"，显然是为了避免 1993 年《反不正当竞争法》下"本法规定仅指第二章规定的具体行为"的立法者解释，澄清《2017 年法律》明确将第 2 条作为一般条款的意图。最终修订的法律未采取该刻意的措辞，但显然，只要该意图能够明确传达，并不需要拘泥于文字上的刻意变化。将第 2 条明确作为一般条款规定，解决了长期以来存在的不必要的争议，使得法律的一般原则与具体列举相结合，达到了"形神兼备、表里统一"❶，无疑是立法上的一大进步。但具体内容方面，一方面第 2 条中仍然列举了大量的实质性标准，如自愿、平等、公平、诚信和商业道德等，其相互之间关系如何，是否可互相涵盖，容易引发不必要的争论；另一方面第 2 条仍然保持了 3 个条款的设置，而第 3 款关于经营者的定义显然不具备一般条款的功能，考虑到前述实践中对究竟哪个具体条款才是一般条款的争议以及约 3/4 的案件笼统适用第 2 条的现状，本书认为应当将第 1、2 款合并作为新的一般条款，一举解决相关争议和法律适用问题。事实上，在法律修改过程中，

---

❶ 刘春田. 修法要给法的"适用"留下空间 [EB/OL]. 微信公众号"君策 Justra"，[2017-9-27].

也有学者提出了此方面的建议。❶❷

2. 第 6 条的修改及评价

第 6 条是关于禁止仿冒行为的条款，对应于 1993 年《反不正当竞争法》第 5 条，同样以表格方式来对修改的情况加以展现。

表 1-3　《2017 年法律》第 6 条修改对比

《2017 年法律》	1993 年《反不正当竞争法》
第 6 条　经营者不得实施下列混淆行为，引人误认为是他人商品或者与他人存在特定联系： （一）擅自使用与他人有一定影响的商品名称、包装、装潢等相同或者近似的标识； （二）擅自使用他人有一定影响的企业名称（包括简称、字号等）、社会组织名称（包括简称等）、姓名（包括笔名、艺名、译名等）；	第 5 条　经营者不得采用下列不正当手段从事市场交易，损害竞争对手： （一）假冒他人的注册商标； （二）擅自使用知名商品特有的名称、包装、装潢，或者使用与知名商品近似的名称、包装、装潢，造成和他人的知名商品相混淆，使购买者误认为是该知名商品； （三）擅自使用他人的企业名称或者姓名，引人误认为是他人的商品；

---

❶ 郑友德，张钦坤，李薇薇，伍春艳. 对《反不正当竞争法》（修订草案送审稿）的修改建议［J］. 知识产权，2016（6）：3-22. 文章建议将第 2 条第 1、2 款合并为：经营者在经济活动中，应当遵守诚实信用原则，不得从事损害竞争者和消费者的利益，扰乱市场公平竞争秩序的行为。

❷ 2017 年《反不正当竞争法》第 2 条第 1 款另一个修改是增加了"违反法律"的规定，有学者认为该四字之增可能使未来依照一般条款处理的案件出现一种新的类型，即违法行为（违反反不正当竞争法以外其他法律的不正当竞争行为），从而给修订后的法律带来巨大变化，使其成为反不正当竞争的基本法。参见：郑友德，王活涛. 新修订反不正当竞争法的顶层设计与实施中的疑难问题探讨［J］. 知识产权，2018（1）：3-18. 上述观点类似于将"违反法律"解读为德国民法典中关于侵权责任 3 个小一般条款的第 2 种"违反保护性法律"，但立法者是否有此意图，或者实践中是否有必要增加这一新的不正当竞争行为的种类，尚不明确。

续表

《2017年法律》	1993年《反不正当竞争法》
（三）擅自使用他人有一定影响的域名主体部分、网站名称、网页等； （四）其他足以引人误认为是他人商品或者与他人存在特定联系的混淆行为	（四）在商品上伪造或者冒用认证标志、名优标志等质量标志，伪造产地，对商品质量作引人误解的虚假表示

由上述可知，《2017年法律》第6条删除了原来法律中关于仿冒注册商标和冒用认证标志的规定，实现了与商标法更好的功能分割，并使得第6条成为比较纯粹的仿冒条款，另外将"知名商品特有名称"的用语进行了修改，与商标法有了更好的衔接，新增加了受到保护的商业标识种类，并增加兜底条款，总体上使得第6条作为仿冒条款的功能得到了完善。❶

3. 新增加的第12条"互联网条款"及评价

近年来涉及网络的不正当竞争案件数量不断增多且影响重大，很多涉及网络技术和商业模式的行为在1993年《反不正当竞争法》下无法找到法律依据，只能依靠一般条款来解决，引起了较大的争议。本次反不正当竞争法在修改过程中，一个引人关注的方面即制定了专门的"互联网条款"。该条款几经修改，即使2017年《反不正当竞争法》最终定稿发布后，也仍然引来较多争议，其中不乏批评之声。

表1-4反映了互联网条款在修法过程中的变化过程。

---

❶ 本书第4章主要讨论了商业标识保护中的一般条款适用问题，还将涉及第6条的相关问题。

表 1-4 互联网条款修改内容对比

1993 年《反不正当竞争法》	修订草案第一次审议稿	修订草案第二次审议稿	2017 年法律
无	第 14 条 经营者不得利用技术手段在互联网领域从事下列影响用户选择，干扰其他经营者正常经营的行为：（一）未经同意，在其他经营者合法提供的网络产品或者服务中插入链接，强制进行目标跳转；（二）误导、欺骗、强迫用户修改、关闭、卸载他人合法提供的网络产品或者服务；（三）干扰或者破坏他人合法提供的网络产品或者服务的正常运行；（四）恶意对其他经营者合法提供的网络产品或者服务实施不兼容	第 12 条 经营者利用网络从事生产经营活动，应当遵守本法的各项规定。经营者不得利用技术手段，通过影响用户选择或者其他方式，从事下列妨碍、破坏其他经营者合法提供的网络产品或者服务正常运行的行为：（一）未经其他经营者同意，在其合法提供的网络产品或者服务中，插入链接、强制进行目标跳转；（二）误导、欺骗、强迫用户修改、关闭、卸载他人合法提供的网络产品或者服务；（三）恶意对其他经营者合法提供的网络产品或者服务实施不兼容；（四）其他妨碍、破坏其他经营者合法提供的网络产品或者服务正常运行的行为	第 12 条 经营者利用网络从事生产经营活动，应当遵守本法的各项规定。经营者不得利用技术手段，通过影响用户选择或者其他方式，实施下列妨碍、破坏其他经营者合法提供的网络产品或者服务正常运行的行为：（一）未经其他经营者同意，在其合法提供的网络产品或者服务中，插入链接、强制进行目标跳转；（二）误导、欺骗、强迫用户修改、关闭、卸载其他经营者合法提供的网络产品或者服务；（三）恶意对其他经营者合法提供的网络产品或者服务实施不兼容；（四）其他妨碍、破坏其他经营者合法提供的网络产品或者服务正常运行的行为

有观点认为该条可以作为互联网领域不正当竞争的"小一般条款",但是如何认识该条与第 2 条一般条款的关系,以及该条是否能够独立承担起互联网领域不正当竞争行为一般条款的任务,本书认为尚值得观察和研究。该条第 1 款仅是一个泛泛的宣示性规定,缺乏实际应用的意义。第 2 款具体列举的 3 种行为,争议集中在是否具有典型性和普适性,以及要件是否过宽❶,尤其是对于第(三)项所谓的"恶意不兼容",对于不具备市场支配地位的互联网经营者是否有必要限制其与其他产品的兼容问题,"恶意"要件是否有足够的限制作用,学者均表示了担心。❷ 第 2 款将不正当竞争行为最终落脚在"妨碍、破坏其他经营者合法提供的产品或者服务正常运行",而并未规定其他的限制性条件和考虑因素,也显得过于宽泛。该款规定的"利用技术手段,通过影响用户选择或者其他方式"的条件缺乏限制作用,而对他人产品正常运行造成妨碍或者破坏可能是竞争行为的必然后果,不能当然地将其视为不正当。对于互联网行业这样一个创新密集、发展迅猛的领域,法律干预尤须谨慎,以避免不必要地干预市场。故本书认为,在没有新的法律法规

---

❶ 可以对照北京市高级人民法院《关于涉及网络知识产权案件的审理指南》第 35 条所列举的行为:被告通过信息网络实施下列行为之一,足以损害原告合法权益、扰乱正常的市场经营秩序、违背公平竞争原则、且违反诚实信用原则和公认的商业道德的,可以认定为《反不正当竞争法》第 2 条规定的不正当竞争行为:(1)未经许可且无正当理由,使用能够为原告增加交易机会和竞争优势的网站内容,并足以替代消费者访问内容来源网站的;(2)未经许可且无正当理由,使用《反不正当竞争法》第 5 条所规定之外的原告商业标识,导致消费者误认的;(3)未经许可且无正当理由,修改原告搜索栏中的下拉提示词,直接影响原告交易机会的;(4)未经许可且无正当理由,利用原告网站的访问量,在其界面插入广告的;(5)无正当理由,中断、阻止或者以其他方式破坏原告经营活动的;(6)其他构成《反不正当竞争法》第 2 条规定的情形。

❷ 孔祥俊. 新修订反不正当竞争法释评(下)[EB/OL]. 微信公众号"上海交大知识产权与竞争法研究院",[2017-11-5].

或者司法解释对互联网条款进行进一步限定之前，依据该条，尤其是第（四）项兜底条款认定不正当竞争行为时，可能仍然需要援引第2条对其进行目的性限缩解释，以保证其适用不被扩大化，且仍然符合反不正当竞争法维护和促进竞争的整体目标。❶

1.3 我国反不正当竞争法一般条款适用存在的主要问题

如前所述，我国法院在司法实践中适用一般条款认定了大量法律未明确列举的不正当竞争行为，虽然有学者认为，大多数适用一般条款的案件中，法官的判决表现出了相当的一致性和连续性，但该学者也承认，在我国，一般条款的确定性没有赢得社会的广泛信赖和承认。❷ 尤其随着近年来在关于网络的新型不正当竞争案件中一般条款日趋频繁的适用，引发了更多的关于一般条款适用是否过宽、是否不适当地干预了竞争的争议。有学者认为，当前一般条款的司法适用存在两个突出问题，一是对于适用条件把握不够准确和严格；二是对与知识产权法的关系认识混乱❸，该观点具有一定的代表性。本书在其基础上，进一步将一般条款在适用中存在的较为突出的问题及原因概括如下。

---

❶ 本书第5章对涉及网络的新型不正当竞争行为中一般条款的适用进行了研究，仍然以第2条为法律依据。

❷ 谢晓尧. 竞争秩序的道德解读——反不正当竞争法研究 [M]. 北京：法律出版社，2005：39-41. 当然该学者认为，这种现状不应简单归咎于立法或者司法，处于巨大变革时代，社会缺乏共有的价值观，商业伦理尚未成型等，是更深层的原因。

❸ 孔祥俊. 论反不正当竞争法修订的若干问题——评《中华人民共和国反不正当竞争法（修订草案）》[J]. 东方法学，2017（3）：2-17.

1.3.1 "有损害即有救济"的误区

部分案件将不劳而获、搭便车简单地等同于违反公认的商业道德,认为有损害即应有救济,从而过于轻率地适用一般条款,认定某种行为构成不正当竞争。如在一个涉及深度链接他人网站视频内容的案件中,法院认为,被告未承担相关视频的经营成本,而对视频加以利用,使得本应在原告网站观看视频的用户成为被告的用户,该行为系不劳而获,具有明显的主观过错,构成不正当竞争。❶ 另一个案件中则更简单论述为"作为同业竞争者,损害原告利益,属于搭便车行为,违反商业道德和诚信原则"❷。又比如在一个涉及竞价排名的纠纷中,法院认为,经营者不得使用他人商标为自己增加商业机会属于公认的商业道德。使用他人商标作为搜索关键词,使得用户在看到原告产品或信息之前,先看到了被告的相关信息,虽然没有发生混淆,但仍然掠夺了原告的商业机会,构成不正当竞争。❸ 经营者从事特定的竞争行为一般均出于有意选择,如果该行为指向特定的其他经营者,行为与另一方经营者损失之间的因果关系也较为清晰,容易得出一方不劳而获、对方无辜受损应得补偿的结论,从而使一般条款的适用扩大化,轻易将某行为认定为不正当竞争行为。❹ 针对该问题,本书第 2 章从一般条款适用的

---

❶ 北京知识产权法院(2015)京知民终字第 2210 号民事判决书。
❷ 北京市海淀区人民法院(2015)海民(知)初字第 11687 号民事判决书,该案一审生效。
❸ 北京知识产权法院(2015)京知民终字第 1753 号民事判决书。
❹ 这一问题已经有所改观,在有学者的观察中,法院已经承认"搭便车是经济学上的一种中性行为"。参见:张钦坤. 反不正当竞争法一般条款适用的逻辑分析——以新型互联网不正当竞争案件为例[J]. 知识产权,2015(3):30-36. 在"世界之窗浏览器屏蔽广告案"中,法院也认识到:市场竞争中产生的损害是中性

原则、侵权责任法一般条款的启示以及一般条款与知识产权保护的关系等方面入手，明确一般条款适用的总体原则和要求，强调对于权利和权益的区别保护观念，认为应将竞争自由作为一般条款适用的逻辑出发点，在知识产权特别法保护之外，竞争者享有竞争自由和模仿自由，因竞争行为带来的损害一般情况下都是不予赔偿的，须具备特定的行为不正当性才能以一般条款认定为不正当竞争行为。

1.3.2 过于宽松的兜底保护观念

与上述问题相联系，在反不正当竞争法与知识产权法的关系问题上，夸大了一般条款的"兜底作用"，对于知识产权法的保护对象或者不予保护的对象，适用一般条款给予宽松的兜底保护。如在涉及同人作品有关的讨论中，有观点认为，"虽然不能受到著作权法的保护，但未经许可使用了原告的作品元素，很有可能构成不正当竞争"。❶ 该观点代表了一种倾向，即在认定知识产权法不能提供保护时，很"自然"地转向反不正当竞争法一般条款，而未考虑知识产权法不予保护对一般条款的适用可能的限制作用。在涉及电影《大闹天宫》中美猴王形象的案件中，原告在著作权保护期届满之后，主张他人将孙悟空形象印制在金钞上的行为构成不正当竞争。一、二审法院虽然均未支持其该主张，但均未从"已过著作权保护期"的角度来论述该事实对于反不正当竞争法一般条款适用的影响，也体现出

（接上注）
的，不具有是与非的色彩。参见：北京市朝阳区人民法院（2017）京0105民初70786号民事判决书。但总体上仍然存在过于宽松的损害补偿倾向。

❶ 邱政谈，孙黎卿，翁才林. 金庸诉江南——同人作品侵权谈[EB/OL]. 微信公众号"知产力"，[2016-12-1].

对该问题的重要性认识不足。[1] 最高人民法院相关司法政策文件中已经对反不正当竞争法一般条款的保护与知识产权法的关系作了很清晰的界定，即所谓的补充保护只是有限的补充，不应与知识产权法的立法政策和制度目标相抵触。实践中显然对该限制性要求未给予充分重视和足够考虑，一定程度上是由于该要求仍较为模糊，缺乏明确判断"是否抵触"的具体要件。知识产权法中，以专利和著作权为代表的智力成果类立法和以商标为代表的商业标识类立法在立法政策及制度目标上有较大区别，故本书将二者分别进行讨论。第 3 章主要探讨一般条款的保护如何不与智力成果类知识产权法的立法政策和制度目标相抵触的问题，提出了"保护对象"和"同等保护"两项具体判断要件，并结合实践中有关作品和作品元素等保护的案例，对这两项条件在界定一般条款能否提供保护时的运用进行了具体分析。

由于商标法和反不正当竞争法传统上关系更为紧密，一般条款在商业标识保护方面的宽泛兜底问题体现出不同于智力成果保护的特点。实践中大量适用一般条款的案件涉及商业标识的保护，本书第 4 章从体系的角度对商标法、反不正当竞争法一般条款及反不正当竞争法仿冒条款的功能划分进行了讨论。近年来关于商标性使用的讨论日盛，比如在利用他人注册商标作为竞价排名关键词的纠纷中，普遍做法是，如认定该行为属于商标性使用，则构成侵犯商标权；如认为不属于商标性使用，则认定构成不正当竞争，此种划分是否恰当值得进一步探讨。而在"LV 房地产广告案"中，法院在认为被告的使用不是商标性使用，不会造成混淆之后，认定被告"故意利用原告产品的知名度来提升其楼盘的品

---

[1] 湖北省高级人民法院（2017）鄂民终 71 号民事判决书。

位",属于故意直接利用原告经营成果,构成不正当竞争。❶ 除反映出宽泛兜底的倾向外,还提出了商标表达性含义对其保护的限制问题。第 4 章对上述问题进行了分析。

1.3.3 对不正当性的论证缺乏实质性考量因素

此问题与前两个相互影响,且在一定程度上互为因果。正是基于有损害即应有救济的补偿冲动和制止搭便车的宽泛正义观,以及对于一般条款可提供兜底保护的条件没有严格掌握,导致大量以一般条款认定不正当竞争的案件没有对行为的不正当性进行充分的论证和说理,而只是泛泛的以"原告享有合法利益""被告不劳而获"的理由得出"违反诚信原则和商业道德,构成不正当竞争"的结论,而这种宽松的、表面化的论证方式又进一步加剧了行为被认定为不正当竞争的可能性,反过来巩固了"搭便车即为不正当""知识产权法未保护的对象可适用一般条款予以保护"的观念。不论是从反不正当竞争法"行为法"的特性来说,还是从一般条款适用必需的说理义务来看,对于法律没有明文规定而需要适用一般条款来认定为不正当竞争的行为,法官应该充分说理,以弥补从抽象的原则到具体的规范之间的差距。反不正当竞争法所提供的保护有一部分属于权益保护,比如对于仿冒条款中的"有一定影响的商品名称"等,侵权论证更多集中在是否满足受保护的条件、是否容易导致混淆,行为的不正当性基本已经融合进保护要件里而无需单独论证。前已述及,我国适用一般条款的案件有相当数量涉及知识产权相关权益保护,对于该部分案件,在解决了与知识产权法立法政策的协调问题后,采用权益保护式的论证过

---

❶ 上海市第二中级人民法院(2004)沪二中民五(知)初字第 242 号民事判决书,该案一审生效。

程问题不大，但对于与权益保护相对无关、更集中于行为正当性判断的情形，上述简单论证模式就显出其不足。本书认为，近年来发生在网络环境下的新型不正当竞争案件所引发的争议，部分原因在于此种表面化的、权益保护式的说理方式，忽视了利益衡量时的其他重要视角，导致貌似轻易的以一般条款来认定不正当竞争行为。本书第 5 章讨论了适用一般条款的价值补充问题，并主要对网络新型不正当竞争行为的实质性判断标准进行了讨论，引入奥地利学者威尔勃格的"动态系统"概念，对适用一般条款时的考量因素以及因素之间的相互影响进行了分析，可以改善实践中简化的不正当性论证方式，并以此使得一般条款的适用更为审慎和符合目的。

实践中对一般条款的适用还存在其他一些问题，比如，仍然存在一定程度的"向一般条款逃避"现象，将一般条款与具体条款同时适用，或者不适用具体条款而直接适用一般条款等，第 3 章的相关讨论会涉及该问题。又如，对竞争关系的认定较为混乱，由于该问题在涉及网络的新型不正当竞争纠纷中更为普遍，且有观点认为广义的竞争关系是由于网络纠纷的特殊性，本书将该问题放在第 5 章内进行讨论。

小　结

一般条款是指将法律要件规定为抽象和概括性的不确定概念的条款，立法者引入一般条款的目的就在于广泛涵盖相关法律事实，授权法官在适用时予以补充，具体化为裁判的规范。反不正当竞争法一般条款反映了不正当竞争行为的本质，是反不正当竞争法的核心。从竞争行为的多变和不断发展的特征看，列举式的立法并不能满足保证市场公平竞争的需要，一般条款具有存在的必要性。从比较法的角度，1909 年《德国反不正当竞争法》在世界上第一次采用了一般条款的立法模式，并在近 100 年的时间内发挥了重要作用，成为不正当竞争法的帝王条款。美国虽然没有单独的联邦反不正当竞争法，也就没有德国法意义上的一般条款，但其普通法中的盗用诉由，对于竞争者商业成就的保护十分类似于一般条款所提供的兜底保护。《巴黎公约》和世界知识产权组织发布的《示范规定》也有类似的一般条款。我国 1993 年《反不正当竞争法》是否存在一般条款虽然存有争议，但并未妨碍实践中将该法第 2 条作为一般条款适用。从目前对适用一般条款案件的类型化总结来看，尚未形成取得较高共识的分类，相当数量的案件与知识产权相关权益保护有关。2017 年修订的《反不正当竞争法》明确了第 2 条作为一般条款的地位，但相关修订仍有未尽完善之处，比如应将第 2 条第 1 款、第 2 款合并作为一般条款，而把第 3 款关于经营者的概念从该条排除，另作规定。新增加的互联网条款不足以承担涉及网络案件"小一般条款"的功能，仍需结合第 2 条的规定予以适用。我国目前适用一般条款存在适用条件掌握不够严格、与知识产权法的关系把握不当的问题，突出表现在"有损害即有救济的误区""过于宽松的兜底保护观念"以及"对不正当性的论证缺乏实质性考量因素"几个方面，本书后几章的内容将分别提出解决上述问题的方案。

第 2 章
反不正当竞争法一般条款适用的总体要求

2.1 一般条款适用的前提

　　竞争法规范的目的在于促进和鼓励竞争。自由竞争被视为满足经济供需平衡，维护消费者利益和整体经济利益的最佳手段。❶ 竞争意味着对消费者的争夺，市场参与者的竞争自由意味着其可以从其他竞争者处抢夺客户而不必为该行为造成的损失负赔偿责任。但自由并非毫无限制，竞争自由的边界即在于同样尊重他人的竞争自由，竞争是一种相互享有权利和负有义务的关系。❷ 反不正当竞争法的调整即是要保证竞争者在一定的共同规则之下进行竞争，在自由竞争和公平竞争之间达到平衡。鉴于列举式的类型化条款无法涵盖全部不正当竞争行为，从而无法充分实现反不正当竞争法的调整目标，故一般条款的设立确有必要，但是"自由对于竞争的无可替代的价值"决定了在反不正当竞争法领域确立和适用一般条款需要格外慎重。❸

---

　　❶ 世界知识产权组织国际局. 世界反不公平竞争法的新进展 [M] //漆多俊. 经济法论丛：第 1 卷. 北京：中国方正出版社，1998：279-337.
　　❷ Louis Altman, Malla Pollack. Callmann on Unfair Competition, Trademarks and Monopolies [M]. 4th ed. Westlaw. © 2017 Thomson Reuters，§1：14.
　　❸ 蒋舸. 反不正当竞争法一般条款的形式功能与实质功能 [J]. 法商研究，2014（6）：140-148.

在海带配额案中，最高人民法院认为，适用反不正当竞争法一般条款需满足如下条件：（1）法律对该竞争行为没有明确规定；（2）该行为确实对其他经营者的合法权益造成了实际的损害；（3）该竞争行为违反了诚实信用原则和公认的商业道德，从而具有不正当性或者说可责性。3个条件之中，对其他经营者造成损害通常是引发争议的原因，但由于竞争必然带来对其他竞争者的损害，正当的竞争亦会带来损害，故损害与行为不正当之间没有必然联系，损害作为一般条款的适用要件意义不大。一般条款的审慎适用应体现在另外两个条件上，即行为确有不正当性的实质性要件和穷尽具体规则方能适用一般条款的形式要件。

2.1.1 行为确有不正当性

对于什么是"不正当竞争行为"很难有一个概括性的定义，如美国最高法院在案件中所指出："不正当贸易方法"的概念宽泛而灵活，无法精确定义，只能在法院认定某种行为属于不正当或者不属于不正当的过程中逐渐明确其含义。❶ 对某些行为，人们普遍认为其基本"总是"具有不正当性的，比如《巴黎公约》所列举的仿冒、诋毁、误导等行为，说明人们对何为不正当竞争行为具有底线的共识，尽管可能没有能力以文字的方式阐明。按照哈耶克的观点，我们并不拥有评判正义的肯定性标准，但是拥有判断什么是不正义的否定性标准。❷ 反不正当竞争

---

❶ Federal Trade Commission v. R. F. Keppel & Bro., 291 U. S. 304, 54 S. Ct. 423, 78 L. Ed. 814 (1934).

❷ 弗里德利希·冯·哈耶克. 法律、立法与自由（第二三卷）[M]. 邓正来, 译. 北京：中国大百科全书出版社，2000：55-68. 转引自：谢晓尧. 未阐明的规则与权利的证成——不正当竞争案件中法律原则的适用 [J]. 知识产权，2014（10）：3-14.

法一般条款体现的就是对竞争行为进行否定评价的标准。如同《巴黎公约》的规定，大多数成文的反不正当竞争法一般条款都采用了类似的定义，如"诚信原则""善良风俗""诚实工商业惯例"等来描述对正当竞争的要求，这种规定"并非是清晰的行为准则"，而只是因为这些词语的含义不固定，具有较大的包容性。所谓的标准，是特定社会的社会观念、经济观念、道德观念和伦理观念的反映。❶ 在案件中适用反不正当竞争法一般条款，就是要结合个案中的竞争行为将这些概念具体化。上述标准看起来都带有某种道德色彩，但实践中需要评判的并非是行为人主观上是否有过错或者恶意，而是从反不正当竞争法保护竞争者和消费者，维护竞争秩序的目的来看，其行为是否正当，"不正当竞争的概念日益演变成一种对利益的权衡"❷。

我国适用反不正当竞争法一般条款的案件中，一类与知识产权相关权益保护有关，在该类案件中，对行为正当性的判断更多体现在对相关权益是否应受保护及是否构成对其的侵害的讨论过程中。而对于另一类与知识产权相关权益无关的纠纷，就必须正面论述行为是否具有不正当性的问题。行为具有不正当性体现了法律介入的必要性，是实质性要件，不能仅由他人利益受损即得出竞争者行为不正当的结论。

2.1.2 穷尽具体规则方能适用一般条款

反不正当竞争法的一般条款是对不正当竞争行为本质的规定和概括，所有的不正当竞争行为都是违反一般条款的行为，但这绝不意味着所有的不正当竞争案件都需要适用一般条款。"越确定的规范越应该优先适用，这不仅符合事物的性质，也是

---

❶❷ 世界知识产权组织国际局. 世界反不公平竞争法的新进展 [M] //漆多俊. 经济法论丛：第 1 卷. 北京：中国方正出版社，1998：279-337.

人类的认识论和逻辑规律所要求的。"❶ 穷尽法律规则方能适用原则，即所谓的禁止"向一般条款的逃避"❷，作为一项基本的法律适用原则，亦是反不正当竞争法一般条款适用的基本前提条件。此原则不但在理论上广为接受，在司法实践中也普遍采纳，最高人民法院相关司法政策性文件中亦有明确规定。❸ 对于知识产权法有明确规定的行为，自然无须再适用反不正当竞争法一般条款，对于反不正当竞争法列举条款规定的行为，亦无须同时适用一般条款。❹ 北京市高级人民法院 2016 年颁发的《关于涉及网络知识产权案件的审理指南》第 30 条第 2 款、第 32 条分别规定：如属于知识产权法和反不正当竞争法具体条款规定情形，则不应适用第 2 条。表明法官们已经普遍认识到并

---

❶ 舒国滢. 法律原则适用中的难题何在 [J]. 苏州大学学报（哲学社会科学版），2004（6）：18-20.

❷ 对于"向一般条款的逃避"的弊端，学者多有论述，比如梁慧星教授认为，如果允许直接适用诚实信用原则等基本原则而不适用法律具体规定，必将导致法律权威降低。并且，在适用法律具体规定的情形，法官之价值判断过程清楚，依立法者意思探究，易判定其结论当否。而适用诚实信用原则等基本原则的情形，价值判断过程暧昧不明，其结论当否不易判断。参见：梁慧星. 诚实信用原则与漏洞填补 [J]. 法学研究，1994（2）：22-29. 王泽鉴教授也指出了一般条款遁入的 3 大危机：(1) 立法遁入，立法者不作必要的利益衡量及探求判断基准，径行采用概括条款的立法方式；(2) 司法遁入，法官不探求具体的规范，径行以概括条款作为请求权基础；(3) 法律思维遁入，思考法律问题时不穷尽解释、类推适用的论证，径以概括条款为依据。参见：王泽鉴. 法律思维与民法实例 [M]. 北京：中国政法大学出版社，2001：245.

❸《最高人民法院关于充分发挥知识产权审判职能作用推动社会主义文化大发展大繁荣和促进经济自主协调发展若干问题的意见》（法发〔2011〕18 号）第 24 条规定：反不正当竞争法未作特别规定予以禁止的行为，如果给其他经营者的合法权益造成损害，确属违反诚实信用原则和公认的商业道德而具有不正当性，不制止不足以维护公平竞争秩序的，可以适用原则规定予以规制。

❹ 最高人民法院法发〔2011〕18 号文件中规定：对于反不正当竞争法特别规定已经明文禁止的行为领域，只能依照特别规定规制与其同类的不正当竞争行为，原则上不宜再适用一般条款扩张其适用范围。

且接受了禁止向一般条款逃避的观点。❶ 但实践中仍然有适用具体条款之后附带将第 2 条作为法律依据的情形,一方面如学者所说,"表明了法院在适用具体规则时缺乏应有的熟练和自信"❷,另一方面也说明对于"禁止向一般条款逃避"的理念尚未完全深入每一个法官心中。当然,并非所有同时援引具体条款和一般条款的情形均为不恰当,比如,如果适用了一般条款的精神对具体条款进行了一定的扩张解释或者类推适用,援引一般条款当为合理。❸

2.2 侵权责任法一般条款关于权益区分保护的启示

2.2.1 侵权责任法一般条款的两种模式

从历史起源来看,无论是在法国、德国等大陆法系国家还是美国这样的普通法系国家,反不正当竞争法都属于特别侵权法,是在一般侵权法的基础上发展而来的。在法国,直至今天,

---

❶ 《关于涉及网络知识产权案件的审理指南》第 30 条规定:审理涉及网络不正当竞争纠纷,应依法行使裁量权,兼顾经营者、消费者、社会公众的利益,鼓励商业模式创新,确保市场公平和自由竞争。经营者的被控行为系仅属于侵害他人著作权、商标权、专利权等法律明文规定的权利情形的,不应再适用反不正当竞争法进行调整。第 32 条规定:被告通过信息网络实施的被控不正当竞争行为,属于《反不正当竞争法》第 2 章所规定的具体情形的,则不应再适用该法第 2 条的规定进行调整。

❷ 谢晓尧. 竞争秩序的道德解读——反不正当竞争法研究 [M]. 北京:法律出版社,2005:56.

❸ 比如在江苏省高级人民法院(2015)苏知民终字第 155 号案,原被告双方均为淘宝店铺,互相起诉商业诋毁。二审判决认为:传播竞争对手违法行为或者受处罚记录是否不正当,是否构成商业诋毁,涉及商业言论自由、正当舆论监督与不正当竞争行为的界限。考虑诚信原则和公认的商业道德,法律边界在于言论是否具有善意,且对于防止侵权是否善尽注意义务。

其规制不正当竞争行为的主要法律依据仍然是《法国民法典》第1382条的一般侵权责任条款，而没有一部统一的反不正当竞争法。而如前所述，1909年《德国反不正当竞争法》一般条款直接的法律依据就是《德国民法典》第826条规定的悖俗侵权一般条款，英美法传统上用以解决不正当竞争问题的欺诈、仿冒等诉因同样属于其侵权法的范畴。反不正当竞争法一般条款保护的是法定权利之外的利益，侵权责任法一般条款对权利和利益的区别保护理论及不同实践，对反不正当竞争法一般条款的适用具有借鉴意义。

　　德国拉伦茨和卡纳里斯教授认为：侵权法的目的在于以最合理的平衡来解决"法益保护"与"行为自由"的冲突问题。❶苏永钦教授也认为，民事侵权行为制度的基本功能在于分配社会行为的风险。现代社会，人与人高度相互依存，侵权法的设计必须能够筛选出既对不当行为有遏制作用，又不会对自由意志和社会秩序造成不当影响的类型，即人们不会陷入动辄得咎的恐惧和无休止的相互追诉中。❷ 从比较法上来看，当事人对于其因过错而侵害他人绝对权的行为应当承担赔偿责任，对此基本没有分歧意见。依照拉伦茨和卡纳里斯教授对侵权法上的权利的界定标准，权利具有"归属效能""排他效能"和"社会典型公开性"❸，要求加害人避免妨碍并对违反者追究责任，不会过度地增加"守法成本"，具有合理的期待可能性，因此符合侵权法的目标。而对于因过错侵犯绝对权之外的其他财产利益所造成的"纯粹经济损失"，是否应予赔偿，则被认为是真正具

---

❶ 李昊. 交易安全义务论 [M]. 北京：北京大学出版社，2008：19-20.
❷ 苏永钦. 再论一般侵权行为的类型 [M]. 北京：人民法院出版社，2003；苏永钦. 走入新世纪的私法自治 [M]. 北京：中国政法大学出版社，2002：2.
❸ 于飞. 侵权法中权利与利益的区分方法 [J]. 法学研究，2011 (4)：104-119.

有争议性的问题。❶ 在当代，没有国家对纯粹经济损失全部给予救济，也没有国家完全不提供救济。体现在侵权法的规范上，法国和德国分别代表了"原则赔偿、例外不赔"和"原则不赔偿，例外赔偿"两种不同的模式。

《法国民法典》第 1382 条被认为是世界上最自由、最开放的侵权责任条款。该条款的内容自 1804 年确立以来就没有变动过："过错致使他人遭受损害的行为人，有义务对他人作出赔偿。"从解释上看，其未区分损害的对象，只要出于过错致人损害，就应当给予赔偿。虽然法国法院通过对过错、损害和因果关系等的限制，也在一定程度上限定了赔偿的范围，但运用构成要件上的几个抽象概念进行限制，既使得相关概念变得十分复杂，又大大影响了法律的确定性。❷

德国民法典则通过三个侵权行为一般条款的设置，区分了权利和利益，对其提供的保护程度是不同的。《德国民法典》第 823 条第 1 款规定：故意或者过失侵犯他人绝对权的，应赔偿他人损失。除此之外，第 823 条第 2 款和第 826 条规定了两项补充：即违反以保护他人为目的的法律，以及以违背善良风俗的方式故意致人损害，同样承担损害赔偿义务。其结构本身即意

---

❶ 葛云松教授认为，纯粹经济损失是否可以获得侵权法上的救济，是侵权行为法最为核心的问题之一。因为它关系到范围广泛的各种利益能够获得法律保护的程度问题，从立法技术上，它又关系到一般侵权行为条款的规范方式，进而关系到整个侵权法的框架结构。参见：葛云松. 纯粹经济损失的赔偿与一般侵权行为条款 [J]. 中外法学，2009（5）：689-736. 本书关于本部分的论述，受益于该文颇多。

❷ 比如，球员被他人撞伤无法参加比赛，导致球队比赛名次下降，球队可以向加害人请求赔偿损失；反之，合伙企业因其合伙人受到他人过失伤害而未能完成谈判、达成协议，则不能请求加害人赔偿。参见：毛罗·布萨尼，弗农·瓦伦丁·帕尔默. 欧洲法中的纯粹经济损失 [M]. 张小义，钟洪明，译. 北京：法律出版社，2005：95，180-181；转引自：葛云松. 纯粹经济损失的赔偿与一般侵权行为条款 [J]. 中外法学，2009（5）：689-736.

味着，在绝对权之外，法律对其他纯粹经济损失的态度是一般情况下不予赔偿，只有在特殊情况下，即违反特定法律，或者违反善良风俗，才给予赔偿。德国民法典之所以如此小心翼翼地划分了三个层次的侵权行为，仍然是基于更好的平衡"权益保护"和"行为自由"之间冲突的目的，其所体现的价值观是"行为自由优先"❶。德国学者对此的解释是：对于个人发展其人格来说，行为自由是必要的。对于因他人原因而发生的损害，即使无法得到补偿，但可以从行为自由方面得到弥补。❷

2.2.2 我国侵权责任法的一般条款

我国《侵权责任法》第6条第1款规定：行为人因过错侵害他人民事权益，应当承担侵权责任。学者们普遍认可该条为一般条款。❸ 该条从表面看来，更类似于"大概括条款"的法国模式，未区分权利和利益，而是一概称之为"民事权益"。立法者的解释中也认为我国《侵权责任法》没有采纳德国模式，理

---

❶ 当然，随着现代社会情况的变化，各种不可预测的风险增加，人们对个体安全的要求更加强烈，一方面在侵权法之外需要多元化的救济机制，另一方面侵权法本身的保护范围也在扩张，"损害越来越少地被视为需要忍受的不幸，而更经常认为应该得到补偿"。转引自：于飞.侵权法中权利与利益的区分方法 [J]. 法学研究，2011 (4)：104-119. 对于侵权法面临的社会环境的变化以及侵权法自身的变革，可参见：梁慧星. 我国《侵权责任法》的几个问题 [J]. 暨南学报（哲学社会科学版），2010 (3)：2-15. 但无论如何，在行为自由和权益保护之间达到妥当的平衡，依然是侵权法的目标。

❷ 马克西米利安·福克斯. 侵权行为法 [M]. 齐晓琨，译. 北京：法律出版社，2006：2；转引自：葛云松. 纯粹经济损失的赔偿与一般侵权行为条款 [J]. 中外法学，2009 (5)：689-736. 葛云松教授在该文中认为，英美法对纯粹经济损失的赔偿类似于德国模式。

❸ 梁慧星教授认为第2条（侵害民事权益，应当依照本法承担侵权责任）是一般条款，但其通过第2条中的"依照本法"将第6条、第7条甚至关于责任形式的规定均纳入，事实上相当于认为第2条单独不能作为一般条款，参见：梁慧星. 我国《侵权责任法》的几个问题 [J]. 暨南学报（哲学社会科学版），2010 (3)：2-15.

由是很难对权利和利益进行清楚的划分；关于权利的各种学说都缺乏说服力。权利的内容就是利益，仅从形式上，即以法律是否明确规定来区分并不合适，利益也可以"权利化"❶。但是，即便有貌似明确的立法以及立法者的解释，主流学说仍然认为应将绝对权和其他利益区别对待，对其他利益的保护程度应低于绝对权。如王利明教授认为：在民法中，权利和利益享有的地位是不同的。与对民事权利的保护相比，对民事利益的保护应受到严格限制。❷ 在2009年民法学年会上，参加会议的学者一致认为："侵权法中，与绝对权相比，债权和利益所受到的保护程度和构成要件都是不同的"❸。可见，民法学界对权利和利益在侵权法上的区分保护是有一定共识的。从法律解释的角度，学者亦认为并不能从《侵权责任法》第6条第1款中即得出结论认为我国侵权责任法对权利和利益给予了同等保护。❹ 最高人民法院对侵权责任法的解读中也体现出类似的观点：绝对权是侵权责任法保护的主要权利类型。虽然权利和利益均在侵权责任法的保护范围之内，但是法律并不能不加区分的对其他利益

---

❶ 王胜明. 侵权责任法的立法思考（一）. 中国民商法律网：http://www.civillaw.com.cn/article/default.asp?id=47193；转引自：葛云松.《侵权责任法》保护的民事权益[J]. 中国法学，2010（3）：37-51.

❷ 王利明. 侵权法一般条款的保护范围[J]. 法学家，2009（3）：19-31.

❸ 中国法学会民法学研究会秘书处. 关于《侵权责任法草案·二次审议稿》的若干建议. http://www.civillaw.com.cn/article/default.asp?id=45683，转引自于飞. 违背善良风俗故意致人损害与纯粹经济损失保护[J]. 法学研究，2012（4）：43-60.

❹ 该条内容明显来自于《民法通则》第106条第2款：公民、法人由于过错侵害国家的、集体的财产，侵害他人财产、人身的，应当承担民事责任。葛云松教授论证了对《民法通则》第106条第2款可能的3种解释方案，认为主流观点及司法实践所接受的解释是：纯粹经济利益可以为该款中的"财产"概念所涵盖，但是，其并不能获得与绝对权相同程度的保护，而是仅在满足更加严格的限定条件时，才能获得赔偿。参见：葛云松. 纯粹经济损失的赔偿与一般侵权行为条款[J]. 中外法学，2009（5）：689-736.

一概予以保护,而是需要综合侵权人的主观状态,双方是否存在特定的紧密关系等因素,以及对该利益是否有特别的保护性法规,以避免对行为自由限制过多。❶ 司法实践中也并未将权利和利益同等对待和保护。❷ 并且,司法解释中已有明确区分权利和利益的例子。最高人民法院 2001 年发布的有关精神损害赔偿的司法解释中,将"人格权利"与"人格利益"相区分,对于侵害人格利益的,需满足"违反社会公共利益、社会公德"的要件,才能主张精神损害赔偿。❸ 根据对该司法解释的解读,该区分主要是参考了有关国家和地区立法,将侵权行为类型化,将不能归入第 1 款"权利侵害"类型中的侵害其他人格利益的案件纳入"违反公序良俗致人损害"的侵权类型中予以规定。只是由于我国法律中并没有"公序良俗"的提法,所以采取了规范功能与之基本一致的《民法通则》第 7 条规定中的"社会

---

❶ 奚晓明.《中华人民共和国侵权责任法》条文理解与适用 [M]. 北京:人民法院出版社,2010:21-27.

❷ 比如发生在《反不正当竞争法》制定之前的"莒县酒厂诉文登酿酒厂案",原告莒县酒厂生产"喜凰牌"白酒,在当地十分畅销。被告文登酿酒厂将"喜凤酒"作为自己白酒的名称,并采用了与原告在构图、字形、颜色方面均十分近似的瓶贴。由于文登酿酒厂未仿冒莒县酒厂的"喜凰牌"注册商标,案件发生时尚没有反不正当竞争的法律规定,有观点认为被告未侵犯原告任何权利,故不应承担侵权责任。山东省高级人民法院二审认为莒县酒厂的利益受到侵犯,该利益属于《民法通则》第 5 条所规定的"合法权益",应当受到保护,并依据《民法通则》第 4、5、7 条判决文登酿酒厂停止侵害、赔偿损失。可见,法官并不认为莒县酒厂被侵害的利益属于第 106 条第 2 款中的"财产",这也反映了司法实践中的一般认识。该案可参见《最高人民法院公报》1990 年第 3 期。

❸ 《关于确定民事侵权精神损害赔偿责任若干问题的解释》第 1 条规定:"自然人因下列人格权利遭受非法侵害,向人民法院起诉请求赔偿精神损害的,人民法院应当依法予以受理:(一)生命权、健康权、身体权;(二)姓名权、肖像权、名誉权、荣誉权;(三)人格尊严权、人身自由权。违反社会公共利益、社会公德侵害他人隐私或者其他人格利益,受害人以侵权为由向人民法院起诉请求赔偿精神损害的,人民法院应当依法予以受理。"

公共利益""社会公德"的提法。❶

葛云松教授认为,在法国模式的一般侵权行为条款下,很难实现学者们所赞同的将权利与利益区别保护的解释结论。而如果依文义解释,认为《侵权责任法》第 6 条第 1 款对民事权利和利益提供了同等的保护,将会导致法律政策上的重大问题。故须以德国模式为目标对该条进行目的性限缩。❷ 从其解释过程来看,同样以体系解释和目的解释方法,否认了所谓的"立法者原意解释"。与前文所述的《反不正当竞争法》第 2 条成为一般条款的解释过程相对照,再次验证了历史解释或者立法者解释并不总是最适当或具有决定性的解释方法,理论或者实践的需求可以超过对立法原意或者立法者原意的遵从。

2.2.3 对反不正当竞争法一般条款适用的启示

侵权责任法一般条款存在法国模式和德国模式之分,其本质区别并不在于保护范围不同,而在于是否对不同的利益提供不同程度的保护。最重要的,对于因过错而导致他人法律明确规定予以保护的权利之外的其他利益的损害,究竟应采取"原则赔偿,例外不赔"的法国模式还是"原则不赔,例外赔偿"的德国模式,不同的立法选择背后反映了对"权益保护"和"行动自由"价值的取舍和偏重,对于损失是否应得到赔偿或者仅仅被视为一种应被忍受的坏运气的伦理观念以及制度设计应能使损害后果、预防成本以及管理成本的综合最小化等种种考

---

❶ 唐德华. 最高人民法院《关于确定民事侵权精神损害赔偿责任若干问题的解释》的理解与适用 [M]. 北京:人民法院出版社,2015:8. 该书同时认为,此种做法不仅有利于完善对人格权益提供司法保护的法律基础,同时对于完善侵权责任法的结构体系和侵权行为的类型化也有积极的促进作用。

❷ 葛云松.《侵权责任法》保护的民事权益 [J]. 中国法学,2010(3):37-51.

虑因素❶，意大利萨科教授对两种模式有如下论述：德国是加法模式，在逻辑起点上，只有对权利的侵害才被认为是侵权行为，除此之外的、其他的应受保护的利益，再根据其他规定——加入可赔偿的行列；而法国是减法模式，在逻辑起点上，所有的损害均被认为可以获得赔偿，但是如果具有某种抗辩事由，则被排除出可赔偿之列。❷

反不正当竞争法一般条款保护的是权利之外的利益，又调整的是具有天然冲突性的竞争行为，这决定了我们应谨慎考虑一般条款适用的逻辑出发点。所谓竞争，指的就是经营者之间为争夺市场而进行的斗争。可以说，竞争本身即意味着冲突，意味着此消彼长，竞争者对竞争对手造成损害是通常情形，反不正当竞争法应反映这一现实，只有特定行为违反了既定的规则或者存在其他违法之处，才应被认定为不正当竞争行为，否则均应被视为合法和正当的竞争。反不正当竞争法及其他法律对构成不正当竞争的行为有明确列举和规定，除此之外，对于仍然需要视为不正当竞争行为加以规制的行为，均需要通过反不正当竞争法一般条款这个途径和入口，通过做"加法"而纳入法律规制的体系，故这个入口的开启必须严格限制，其适用的逻辑起点应为：自由竞争为原则，只有竞争行为采用了不正当的手段，才能将其认定为非法。相反立场（即将竞争者对其

---

❶ 对纯粹经济损失不赋予普遍性的赔偿责任，一方面是避免加害者承担过重的责任，维护基本的行动自由，另一方面也考虑到制度的成本和收益，另外也具有一定的伦理基础。在这方面，比较法学者普遍认为法国的经验似乎有悖常理：法国法赋予了受害人如此广泛的救济，却没有出现他国所担心的"诉讼洪流"，一般民众和组织也没有掉进沉重责任的深渊，其真实的原因为何，是一个待解之谜。参见：葛云松. 纯粹经济损失的赔偿与一般侵权行为条款 [J]. 中外法学，2009（5）：689-736.

❷ 葛云松. 纯粹经济损失的赔偿与一般侵权行为条款 [J]. 中外法学，2009（5）：689-736.

经营所享有的利益视为类似于绝对权,造成损害即为非法),既不符合竞争的现实,又会出现前述德国法发展过程中所谓"营业权"理论的困境❶,实不足取。《美国反不正当竞争法第三次重述》第 1 条的规定值得借鉴:行为人并不对因其经营活动而对他人造成的损害承担责任,除非符合该条规定的情形之一。即明确了竞争自由是一般原则,因竞争造成的对其他竞争者的损害以不承担责任为原则,因违反特定的规则或者行为具有其他不正当性而需承担责任是例外。❷

正如欧洲学者所说:各国的法律都需要规定一个可以将"可赔偿的损害"与"不可赔偿的损害"区别开来的过滤器。有些法律提供的是一个相对模糊的工具(如因果关系),有些法律则希望提供一个更加精确的标准。❸ 可见,相对于法国法官使用"因果关系"来过滤掉不予赔偿的损害的方式,德国模式中的"悖俗侵权条款"已经被认为是更为精确的标准了。反不正当竞争法一般条款来源于侵权责任法,同是体现了立法对法官的授权❹,如何在充分发挥其灵活性,能够禁止随时变化和新出现的不公平竞争行为的同时,维护自由竞争,且保证法律的稳

---

❶ 范长军. 德国反不正当竞争法研究 [M]. 北京:法律出版社,2010.

❷ 并且,重述特地采用了"竞争自由"(freedom to compete)的说法,认为之前将竞争视为"特权"(privilege),仍然是将竞争造成的损害视为侵权的初步证据(prima facie tortious),需要竞争者来证明自己享有竞争的特权而不必承担责任,对竞争的保护并不充分。重述的立场是,由于竞争造成的对其他竞争者的损害,竞争者原则上不必承担责任,应由受损害者证明该行为违反相关规定。参见: Restatement of The Law, Third: Unfair Competition, ST. PAUL. MINN., American Law Institute Publishers, 1995, §1, Comment a.

❸ 克雷斯蒂安·冯·巴尔. 欧洲比较侵权行为法(下卷)[M]. 焦美华,译. 北京:法律出版社,2004:33.

❹ 关于德国民法典对法官的授权,文献中体现出两种不同的观点,一种认为立法者未对善良风俗预设实质性标准,表现出对法官的充分信任。参见:于飞. 违背善良风俗故意致人损害与纯粹经济损失保护 [J]. 法学研究,2012(4):43-60.

定性和可预期性，是法官面临的难题。而明确一般条款适用的逻辑出发点是竞争自由，只有特定的不正当竞争行为才应受禁止，则有利于将一般条款的适用限制在合理的范围内，不对竞争施加不必要的阻碍和干涉。❶

2.3 一般条款对知识产权法的有限补充

反不正当竞争法与知识产权法均可以对智力成果和工商业成就提供保护，二者之间有密切的联系。尤其是商标法，通常认为，使用商标等商业标识的行为也是竞争行为的一种特殊形式，故国际上通行的理论一般都将商标法视为是反不正当竞争法的组成部分。❷ 世界知识产权报告中称：保护工业产权，特别是商标权，不仅符合权利人的利益，也符合消费者和社会公众的利益，所以也有助于实现保证公平竞争的目的。商标法是不

（接上注）
《德国民法典》第1草案《立法理由书》中宣称，"在个案中检验，是确认过失违反善良风俗还是否认之，这正是法官的任务。"《德国民法典》第2草案《议事录》中记载，"该原则射程甚远，其适用要求谨慎小心，然而人们似可相信，法官知道如何完成该原则赋予他们的任务。"另一种观点则相反，认为：《德国民法典》制定当时，德国社会存在着对法官深深的不信任。基于法律稳定及安全的考量，权利类型、内容及保护途径应当尽量法定化。德国模式可以较好地满足该需求。参见：李昊. 纯粹经济上损失赔偿制度研究[M]. 北京：北京大学出版社，2004：93. 另可参见：克雷斯蒂安·冯·巴尔. 欧洲比较侵权行为法（上卷）[M]. 张新宝，译. 北京：法律出版社，2004：21.

❶ 有学者认为应对竞争者进行"无辜假定""建立在道德基础上的法律必须不时地假定人们是无辜的"，实质上就是对非法竞争行为提出更高的证明标准和更强的论证理由。参见：谢晓尧. 未阐明的规则与权利的证成——不正当竞争案件中法律原则的适用[J]. 知识产权，2014（10）：3-14.

❷ 宋红松. 反不正当竞争与知识产权保护[J]. 烟台大学学报（哲学社会科学版），2002（3）：259-267. 另可参见：弗诺克·亨宁·博德维希. 全球反不正当竞争法指引[M]. 黄武双，刘维，陈雅秋，译. 北京：法律出版社，2015.

正当竞争法这一庞大领域的一个特定部分。❶ 甚至有学者认为，知识产权法可以归属于广义的反不正当竞争法范畴，因为知识产权法以授予和维护专有权利的方式维护了相关领域公平和正当的竞争秩序，故具有制止不正当竞争的功能。❷❸ 即使对反不正当竞争法采取狭义解释，不认为其包含了知识产权法，但二者之间的密切联系仍是显见的事实。虽然均对智力成果和工商业成就提供保护，但二者作用机制不同。知识产权法侧重建立财产权制度，其对智力成果及相关成就引起的法律关系的规范是静态的。而不正当竞争法侧重约束经营者的行为，提供有限的相对的、消极的被动的保护，在个案发生时经法院确认才能发挥效力。❹ 不正当竞争法是行为法，知识产权法是财产权法。随着市场经济成为主体经济模式，知识产权成为社会的主要财富，不正当竞争行为会越来越多地发生在这个领域，所以二者的联系必将日趋密切。❺ 对于特定客体究竟采用哪种模式保护，是立法者根据国家的法制目标和经济政策来决定的。由于制定

---

❶ 世界知识产权组织国际局. 世界反不公平竞争法的新进展 [M]//漆多俊. 经济法论丛：第1卷. 北京：中国方正出版社，1998：279-337.

❷ 邵建东. 德国反不正当竞争法研究 [M]. 北京：中国人民大学出版社，2001：29-30.

❸ 也有相反观点认为，反不正当竞争法是对于人类智力活动成果提供保护的法律，是知识产权法律体系的一个组成部分。参见：李明德. 关于反不正当竞争法的几点思考 [J]. 知识产权，2015（10）：35-44. 另有观点认为，知识产权制度具有设权模式和竞争法模式的二元结构，如果把知识产权法理解为一切受法律保护的、基于符号组合所产生的利益，则其既包括狭义的知识产权法，也包括反不正当竞争法所保护的法益。参见：李琛. 论知识产权的体系化 [M]. 北京：北京大学出版社，2005：168-174. 事实上，两种观点的区别在于究竟是从广义上理解知识产权法还是从广义上理解反不正当竞争法，本书均从狭义上理解二者，即分别指专门的《反不正当竞争法》和《专利法》《著作权法》和《商标法》等知识产权法。

❹❺ 韦之. 论不正当竞争法与知识产权法的关系 [J]. 北京大学学报（哲学社会科学版），1999（6）：25-33.

法的特点，知识产权法所规定和保护的权利必然是有限的，反不正当竞争法的保护具有一定的补充作用；另一方面，对于尚未被权利化的利益，先是通过反不正当竞争法进行保护，条件成熟后上升为法定的权利，这样的事例也并不罕见。反不正当竞争法的保护推动或促进了特定权利的诞生。与侵权责任法成为民法的成长点一样，反不正当竞争法也是知识产权法的生长点，由于反不正当竞争法的存在，知识产权法成为一个开放的体系。❶ 上述两个方面均体现出，反不正当竞争法与知识产权法在对于智力成果及工商业成就的保护上具有一般法与特别法的关系。

但是，从自由竞争的原则出发，模仿自由应是基本原则，知识产权保护是例外。❷ 从竞争政策来讲，是否允许以及在多大程度上允许模仿他人不受特别法保护的成果，是一个基本的也是充满矛盾的问题。自由模仿有利于公共利益和促进创新，但是如果毫无限制，也会打击投入成本进行创新并将新产品投入市场的经营者的积极性，故原则上对于未在知识产权专有权保护范围内的其他成果，他人有权自由模仿和利用，除非有例外情形使得这种利用成为不正当。❸ 反不正当竞争法和知识产权法在保护工商业成果问题上存在一定的紧张关系。在穷尽了知识

---

❶ 宋红松. 反不正当竞争与知识产权保护 [J]. 烟台大学学报（哲学社会科学版），2002（3）：259-267. 这方面的例子很多，比如，美国在1976年版权法将录音制品纳入版权保护范围以前，多通过"盗用"理论来对其提供保护。参见：Edmund J. Sease. Misappropriation Is Seventy-Five Years Old. Should We Bury It or Revive It? [J]. North Dakota Law Review，1994，70. 德国在著作权法将计算机软件和数据库纳入保护范围之前，也是通过反不正当竞争法一般条款来提供保护的。参见：范长军. 德国反不正当竞争法研究 [M]. 北京：法律出版社，2010：40.

❷ McCarthy J. Thomas. McCarthy on Trademarks and Unfair Competition [M]. 4th ed. Westlaw. © 2012 Thomson Reuters.

❸ 范长军. 德国反不正当竞争法研究 [M]. 北京：法律出版社，2010：142-143.

产权法的保护之后,是否可以再通过反不正当竞争法一般条款来对该对象提供保护,被学者认为是二者关系中最有争议的问题。❶ 本书亦认为,适用一般条款的纠纷中,对于与知识产权相关权益保护有关的,行为是否正当的论证通常等同于权益是否应受保护及其保护要件,该类纠纷中一般条款适用的突出问题是判断一般条款可以在何种条件下、何种范围内对知识产权法给予补充保护,尤其是何种情况下不能进行补充。

虽然反不正当竞争法的保护仅是对特定行为的禁止,并不是赋予绝对权,但"授予主体权利"与"罗列相对人行为义务"之间可能仅是理论上的区别。❷ 有学者认为,有时司法实践中在"不充分考虑知识产权法的立法目标与立法价值的情况下,匆忙认定了行为的不正当性",使得"不正当"概念成为了反不正当竞争法挖铲知识产权法墙角的"幌子"。❸ 也有学者认为,由于法院对竞争关系等的解释非常宽泛,导致"制止不正当竞争"和"知识产权财产权"变成了"同一事物贴上的不同标签",不存在本质上的差别。❹ 为解决这一冲突,除了要坚持知识产权法的优先适用外,对于知识产权法没有提供保护的情形,应充分考虑该拒绝保护是否是知识产权法基于利益平衡而有意设置的法律状态❺,只有在与知识产权立法意图不违背的例外情况下,才能通过反不正当竞争法一般条款提供补充保护。故所谓的补充保护只能是有限的补充,必须严格限于必要的范围内,否则一方面可能有损于自由竞争,另一方面滥用反不正当竞争

---

❶ 刘孔中. 解构知识产权法及其与竞争法的冲突与调和 [M]. 北京:中国法制出版社,2015:13.
❷ 范长军. 德国反不正当竞争法研究 [M]. 北京:法律出版社,2010:144.
❸ 范长军. 德国反不正当竞争法研究 [M]. 北京:法律出版社,2010:42.
❹ 崔国斌. 知识产权法官造法批判 [J]. 中国法学,2006(1):144-164.
❺ 范长军. 德国反不正当竞争法研究 [M]. 北京:法律出版社,2010:43.

法一般条款的补充保护也会影响到知识产权制度体系本身，会使得特殊的专有权利成为多余。❶ 最高人民法院司法政策中对于反不正当竞争法和知识产权法的关系已经进行了清晰和明确的阐述：反不正当竞争法补充保护作用的发挥不得抵触知识产权法的立法政策，凡是知识产权法已作穷尽性规定的领域，反不正当竞争法原则上不再提供附加保护，允许自由利用和自由竞争，但在与知识产权法的立法政策相兼容的范围内，仍可以从制止不正当竞争的角度给予保护。❷ 应该说，该段论述对于反不正当竞争法和知识产权法的适用关系表述得十分到位，然而如何判断个案中一般条款的保护是否与知识产权法的立法政策相抵触，并非如看起来那样清晰明了。人们不明白立法机构采取某项法律究竟协调了什么利益❸，而在立法政策或者说制度目标方面，以专利、版权为代表的智力成果类知识产权和商标等标识类知识产权有重大的差异和不同的正当性基础，故本书将分别进行论述。

小　结

为克服实践中"有损害即有赔偿"的宽泛补偿观念，及其导致的对一般条款适用条件把握过于宽松、以宽泛的制止搭便车的公平正义观认定不正当竞争行为的倾向，本章对一般条款适用的总体要求进行了研究。反不正当竞争法的目的在于促进

---

❶ 韦之. 论不正当竞争法与知识产权法的关系 [J]. 北京大学学报（哲学社会科学版），1999（6）：25-33.

❷ 《最高人民法院关于充分发挥知识产权审判职能作用推动社会主义文化大发展大繁荣和促进经济自主协调发展若干问题的意见》（法发〔2011〕18号）第24条.

❸ 世界知识产权组织国际局. 世界反不公平竞争法的新进展 [M] // 漆多俊. 经济法论丛：第1卷. 北京：中国方正出版社，1998：279-337.

和鼓励竞争，在公平竞争和自由竞争中达到平衡。竞争自由的重要性决定反不正当竞争法一般条款的适用需要特别慎重，体现在一般条款的适用上，实质上要求行为确有不正当性，形式上需要穷尽规则方能适用原则，禁止向一般条款逃避。行为具有不正当性是实质性要件，其不能仅由对竞争者造成损害而得出，而应在考虑反不正当竞争法的目的的基础上，进行妥当的利益衡量。禁止向一般条款逃避的要求，体现在反不正当竞争法一般条款与具体列举条款的关系上，有列举条款的，须优先适用列举条款；体现在一般条款与知识产权法的关系上，也同样需优先适用知识产权法的规定。

反不正当竞争法一般条款所保护的是法定权利之外的利益，侵权责任法上对权益区分保护的讨论具有借鉴意义。法国模式和德国模式是侵权责任法一般条款的两种代表，其区别主要在于是否对权利和利益提供不同条件和程度的保护。我国侵权责任法一般条款虽然采取类似法国的概括模式，但民法学界的共识是对权利和利益的保护应有区别。为达到侵权法平衡"权益保护"和"行动自由"的目的，对于权利之外的纯粹经济利益损失，德国民法典悖俗侵权条款确立的逻辑起点是以不赔偿为原则，只有满足特定条件的才提供救济，比如违背善良风俗故意致人损害。考虑到反不正当竞争法一般条款与该条款之间的历史起源关系，再考虑到反不正当竞争法面对的是具有天然冲突性的竞争行为，反不正当竞争法一般条款的适用更需谨慎和限制，应该以自由竞争作为其适用的逻辑起点，对于竞争行为造成的损害一般无需救济，只有采取了不正当手段的竞争行为才构成非法。

反不正当竞争法与知识产权法均可对于智力成果和工商业成就提供保护，二者关系密切。自由竞争的基本原则决定了知识产权保护是例外，对于知识产权法保护之外的经营成果，原则上应允许自由模仿和利用。这一关系同样决定了对于知识产权法未保护的对象适用反不正当竞争法一般条款进行保护应予以严格限制，确保不与知识产权法的立法政策和制度目标相冲突。在我国适用一般条款的案件中，与知识产权相关权益保护有关的占相当比重，明确反不正当竞争法一般条款在何种条件下和何种范围内可以对知识产权法的保护进行补充，对于明确一般条款的适用范围有重大意义。

第 3 章
智力成果保护中反不正当竞争法一般条款的适用

3.1 智力成果类知识产权的立法政策与一般条款的适用

专利法、商标法和著作权法是传统的知识产权法三大组成部分。虽然专利法和商标法经常被统称为工业产权法而与著作权法相对应，但从立法政策及正当性基础的角度考虑，将专利权和著作权作为智力成果类权利，商标权作为商业标识类权利分别进行讨论，更为切合目的。

3.1.1 关于权利正当性的两种代表性理论

学者论述知识产权的正当性基础有两个基本的路径——自然权利说和功利主义说，前者可包括洛克的劳动学说和黑格尔的人格说。由于商标与劳动、人格及鼓励创造等均没有太大关联，且通常认为体现人格的知识产权对象只有作品，人格说也仅与著作权相关，故本书仅提及两种可适用于专利和版权的正当性理论——劳动学说和功利主义说，这也是知识产权的正当性论述中最有代表性的两种学说。

劳动学说起源于洛克的《政府论》下篇，其对财产权的论述散见于第 5 章的若干段落中，归纳起来大致如下：上帝把世界赐予了整个人类供其所用；人们对自己的身体享有所有权，他的劳动也因此属于他；当他将其劳动"添加"于某共有物之上时，该物体就脱离了自然状态，成为他所有的财产，只要他留下了"足够多的和同样好的"（enough and as good）共有物使其他人同样可以通过劳动来取得所有权；并且，人们不得对超过其消费能力的东西取得所有，即不得浪费（non-waste）。❶ 虽然洛克的论述基本是针对有形财产的，但是并不妨碍劳动理论成为一种有影响力的知识产权正当性学说❷，而且由于洛克的理论中要求财产权的设立给他人留下"足够多的和同样好的"，这一点在有形物中很难实现，反而由于知识产品的非排他性，知识产权更有可能符合该条件。

劳动学说将知识产权的正当性归属于其劳动，具有天然的道德吸引力。但是学者也尖锐地指出其用于解释财产权的不足，最根本的缺陷可能在于：劳动理论或许能够证明将劳动者作为财产权所有人的正当性，但却无法论证在某个对象上设立所有权的正当性❸。在知识产权领域，劳动学说将财产权的基础建立在产生过程而非结果上，而专利和版权法一直以来保护的都是有创造性的成果，投入劳动的多少并不是决定因素，甚至劳动与其成果之间经常不成比例：呕心沥血的成果可能无人问津，灵光一现的作品反而大获成功，这些都无法在劳动理论下得到合理解释。

与自然权利论相对应的是功利主义说，即设立知识产权是

---

❶ 洛克. 政府论（下）[M]. 叶启芳，瞿菊农，译. 北京：商务印书馆，1996.
❷ 学者关于洛克劳动理论的阐述很多，可参见：Peter Drahos. A Philosophy of Intellectual Property [M]. Dartmouth Publishing Company, 1996; Justin Hughes. The Philosophy of Intellectual Property [J]. Georgetown Law Journal, 1988: 77-287.
❸ G. 拉德布鲁赫. 法哲学[M]. 王朴，译. 北京：法律出版社，2005：138. 转引自：李琛. 著作权基本理论批判[M]. 北京：知识产权出版社，2013：7-8.

为了达到某种其他目的，最常见的是"激励说"，即为了鼓励创造，所以需要对智力成果赋予财产权。人们相信"对作者和发明人赋予回报，从而鼓励其发挥聪明才智和付出努力，是促进公共福利的最佳途径"[1]。功利主义说多被立法所接受，如著名的美国宪法知识产权条款，该条款授权美国国会"授予作者和发明人对其作品和发明在一定期限内的排他性权利"，目的是"促进科学和实用技艺的发展"[2]。我国 2008 年第三次修正的《专利法》第 1 条规定制定专利法的目的是保护专利权人的合法权益，鼓励和推动发明创造及其应用，促进科学技术进步和经济社会发展。2010 年第二次修正的《著作权法》第 1 条则规定，著作权法的立法目的是保护著作权以及与著作权有关的权益，鼓励作品的创作和传播，促进社会主义文化和科学事业的发展与繁荣。两部法律均是以促进科学文化事业和经济社会发展为最终目的，体现了较为明显的功利主义特征。

功利主义说在知识产权正当性的解释上，除面临其"无回报即无创造"的假设是否与人的本性相符这一接近心理学或哲学层面的挑战外[3]，更为根本的缺陷在于其无法证实有知识产权制度确实比没有该项制度更有利于促进科技和文化的进步，或者知识产权制度相较于其他激励机制（如政府奖励或者纯粹的市场先入优势等）更为有效。故有学者认为，激励理论本身是矛盾的，其为了增加未来的智力产品的产出而设立一种权利，

---

[1] Mazer v. Stein, 347 U.S. 201 (1954).

[2] 美国宪法 Art. 1, §8, cl. 8。该条是联邦专利法和版权法的宪法基础，但第 1 部《联邦商标法》以其作为依据却被美国最高法院宣告为违宪，只能另寻"贸易条款"（Art. 1, §8, cl. 3）作为依据，也鲜明体现了商标法与专利法和版权法保护依据上的不同。可参见：McCarthy J. Thomes. McCarthy on Trademarks and Unfair Competition [M]. 4th ed. Westlaw. © 2012 Thomson Reuters, §5: 3.

[3] 李琛. 著作权基本理论批判 [M]. 北京：知识产权出版社，2013: 12-17.

限制当前对智力产品的使用，如果知识产权的正当性基于此的话，就必须始终关注更好的替代方式的寻找。❶

3.1.2　两种学说对于一般条款适用的影响

在劳动学说的基础上，为知识产权法所保护的智力成果和反不正当竞争法一般条款所保护的智力成果本质上似乎没有区别，都是劳动的成果，因而都具有被保护的基础。如果接受此种正当性理论的话，以一般条款提供补充保护似乎不需考虑知识产权法的规定，不受其限制。有学者即认为，部分知识产权法官对"造法"（即利用一般条款对知识产权法不予保护的客体提供保护）持开放态度，原因在于自觉或者不自觉地接受了劳动学说的指导❷。由劳动学说中关于"人对其劳动成果享有自然权利"的宣示，很容易得出"保护劳动成果、反对不劳而获、反对搭便车"的结论，与一般条款中所包含的诚实信用原则、公认的商业道德在字面上十分契合。判决书中经常可见的一些论述方式，比如原告付出了大量的劳动取得该成果，被告不劳而获，损害了原告的合法权益，违背诚实信用原则和公认的商业道德，确实体现了劳动学说的影响。法官可能并不了解洛克以及洛克的劳动学说，却可以得出貌似以其为理论基础的结论，正说明了该学说符合某种正义观从而具有天然的道德吸引力。但是即便如此，无论在理论上和实践中也从未有过"一切劳动成果都可获得财产权""所有使用他人劳动成果的行为都是不正当"这样极端的认识，这一方面体现了劳动学说本身的缺陷，其对知识产权正当性的解释力有限，专利法、版权法本身对保

---

❶ Edwin C. Hettinger. Justifying Intellectual Property [J]. Philosophy & Public Affairs, 1989: 18 (1).

❷ 崔国斌. 知识产权法官造法批判 [J]. 中国法学, 2006 (1): 144-164.

护的成果有选择,并非所有的劳动成果都能够获得保护。另一方面也说明,在保护劳动之外,人类社会还有其他重要的价值,比如,人们获取知识的权利、学习和利用前人成果的权利等,而劳动理论并未给予这些重要价值以应有的重视。❶

功利主义论的激励理论虽然在知识产权的正当性上仍然存在力有不足的问题,面临着"虽难以证伪,却也难以证立"❷的尴尬,而且,如果认为知识产权制度的正当性在于鼓励创造,容易导致"知识产权保护越多越有利于创造"的误解,使得知识产权获得某种超越规范功能的道德优越性。❸ 但是,如果把激励理论的重点放在"鼓励创造,促进社会进步"的目的上,不是从制度功能而是从制度目标的角度理解"鼓励创造",明确知识产权法尤其是智力成果权法的立法政策是赋予作者或者发明人一定财产权,以达到促进科学技术发展以及作品的创作和传播,从而促进经济发展和社会进步的目的,本书认为这样可以在一定程度上消解前述弊端,并且为制度的发展完善提供一个目标。功利主义的正当性理论可以支持"自由模仿是原则,知识产权保护是例外"的观念。在这种理论下,知识的自由流动和模仿自由是原则,知识产权保护是例外,而且知识产权保护虽然暂时将部分发明创造和作品作为专有权的对象而隔离在了公有领域之外,但其在保护期届满之后仍会回归公有领域,从而最终目的仍然是扩大公有领域。正如美国最高法院多次重复

---

❶ 有学者认为如果对洛克理论中的两个条件("足够多和同样好"以及"不浪费")给予充分重视的话,自然权利论不仅关注创造者的权利,也关注公众的权利。参见:Wendy J. Gordon. A Property Right in Self-Expression: Equality and Individualism in the Natural Law of Intellectual Property [J]. The Yale Law Journal, 1993, 102 (7): 1553.

❷ 李琛. 著作权基本理论批判 [M]. 北京:知识产权出版社,2013:16.
❸ 李琛. 著作权基本理论批判 [M]. 北京:知识产权出版社,2013:40.

的观点：赋予发明人有限的和暂时的垄断并非仅为了其独占利益，公众的利益是更为重要的目的。❶ 功利主义的知识产权立法政策下，知识产权保护本就是"例外"，知识产权法未予保护的对象理论上应该处于公有领域，他人均可自由模仿和利用。故通过反不正当竞争法一般条款予以补充保护是"例外中的例外"，当然应该严格限制，而且必须确保其未突破知识产权法特意划定的界限，避免将知识产权法意图不予保护的对象重新纳入保护之列。这也正是前文所述的普遍接受的二者间"有限补充"的关系，故本书采纳功利主义的正当性理论以及建立在该理论基础上的、为目前实定法所接受的立法政策，并进一步探讨如何具体判断一般条款的保护是否与知识产权法的立法政策相冲突的问题。

3.2 美国法下盗用原则与先占问题的启发

前文已述，美国普通法中的盗用诉由可以禁止被告不正当的利用原告花费大量劳动及金钱等创造出的产品并与原告竞争的行为，其对于竞争者商业成就提供的保护，一定程度上类似于反不正当竞争法的一般条款。美国是联邦和州两级的立法体系，根据《美国宪法》最高条款（Supreme Clause），联邦立法和州法有可能冲突的情况下，联邦立法优先。❷ 美国知识产权法

---

❶ Feist Publications, Inc. v. Rural Tel. Serv. Co., 499 U.S. 340 (1991); Sony Corp. v. Universal City Studios, Inc., 464 U.S. 417 (1984).

❷ 美国宪法 Art. Ⅵ: This Constitution, and the laws of the United States which shall be made in pursuance thereof; and all treaties made, of which shall be made, under the authority of the United States, shall be the supreme law of the land, and the judges in every state shall be bound thereby, anything in the Constitution or laws of any State to the contrary notwithstanding.

均为联邦立法,而盗用为州法,盗用原则的适用不可避免会产生联邦法先占(preemption)的问题,先占问题的判断,体现的正是根据盗用原则在个案中对特定成果的保护是否与知识产权法的立法原则冲突的问题,给我们提供了一个很好的观察视角。❶

3.2.1　INS 案所反映出的盗用与知识产权法立法政策问题

学者从 INS 案中总结出盗用原则的构成要素为:(1)原告付出大量时间、劳动、技术以及金钱创造出其产品;(2)被告使用原告产品且与原告竞争;(3)造成原告在商业中的损失。❷上述构成要素中没有体现出对于知识产权法(该案中体现为版

---

❶ 本书虽然在智力成果权框架下讨论先占问题在判断反不正当竞争法一般条款的保护与知识产权法立法政策冲突问题的启示,故主要涉及专利和版权法的问题,但商标领域也同样存在先占的问题。据美国学者介绍,美国第 1 个涉及 Lanham 法先占问题的案件是 1975 年的 Mariniello v. Shell Oil Company 案,新泽西州一项法律规定只有存在特定事由的情况下才能终止特许经营合同,地区法院认定该法律妨碍了拥有商标权的特许人订立特定期限的许可合同,从而被 Lanham 法先占。但该判决被第三巡回上诉法院撤销。第三巡回上诉法院认为 Lanham 法并没有表现出国会要控制商标领域所有问题的意图,Lanham 法只是保证商标所有人不被仿冒,保证消费者的购买信心,在该解释下,只有州法允许对商标的混淆性或欺骗性使用时才被 Lanham 法先占。在 1983 年的 BUTTERMATCH 案中,法官宣布威斯康辛州一项要求商标权人变更其联邦注册商标的法律被 Lanham 法先占。参见:James M. Wetzel. Federal Preemption Under the Lanham Act, 76 TMR 243(1986).与版权和专利的先占不同,文中提到的 Lanham 法先占的案例似乎涉及的均是州法对联邦商标法所赋予商标权的限制而非提供更多的保护。商标法领域另一个较多涉及先占问题的是淡化问题,淡化最早规定于各州的反淡化法,故引起了其是否应被先占的讨论。可参见:Milton W. Handler. Are State Antidilution Law Compatible with the National Protection of Trademarks? 75 TMR 269(1985).1995 年的《联邦商标反淡化法案》解决了该问题。

❷ James E. Hudson, Ⅲ. A Survey of The Texas Unfair-Competition Tort of Common-Law Misappropriation [J]. Baylor Law Review Fall, 1998, 50. 该文注释中列举了大量采用该构成分析的案例。该论证逻辑与前述我国部分适用《反不正当竞争法》第 2 条的案件非常类似。

权法）立法政策的考虑。Brandeis 大法官的反对意见中则明确表达了专有权保护之外的产品即可自由利用的观点：生产者付出了金钱和劳动生产一种脑力产品，并且该产品对那些愿意购买的人来讲具有价值，这只是一个事实，该事实本身不足以保证其享有法定的排他性。无形产品在公开之后，仅在有限情形下仍然保留其财产特性：受到专利权或版权的保护、当事人之间存在契约等特殊关系、或者被告采取了不正当的手段或方法。不付报酬甚至没有告知而为了营利目的使用他人的知识、思想，虽然与严格的产权概念不符，但除了少数例外，法律许可这种行为。既然法律出于公共政策的考虑未赋予这些产品以财产权，那么这种使用并不因为被竞争者用来与原创者相竞争就变为非法。竞争行为被认定为不正当是由于其行为的方式或手段，本案中并没有这种情况。❶ INS 案的争议即在于，在已经认定新闻产品不受版权法保护的情况下，是应认定其已处于公有领域，从而被告可以自由利用，还是认为由于"被告恰恰在原告获取利益的那个点上进行了干涉，从而转移了相当一部分的利润"，所以其不劳而获，"在未耕种的土地上收获"，从而构成不正当竞争。如果盗用原则的适用只考虑前述 3 个构成要素而完全不考虑知识产权法的立法政策的话，很容易引起联邦知识产权法的先占问题。

---

❶ Brandeis 大法官对此问题保持了一贯的态度，在 1938 年的 Kellogg 案中（Kellogg Co. v. National Biscuit Co. 305 U. S. 111），他指出：分享他人不被专利和商标保护的产品的良好声誉，是在行使一种为所有人所拥有的权利——并且，消费大众的利益正深植于对这种权利的自由行使之中。

3.2.2　美国最高法院关于先占问题的系列判决

1. Sears-Compco 案

1964年美国最高法院于同一日发布了两个判决,两个案件均涉及在专利被认定为无效的情况下,能否根据州反不正当竞争法禁止对某产品的复制,最高法院在两个案件中表达了宽泛的联邦专利法先占的观点。Sears 案中❶,最高法院指出,宪法授权国会制定联邦专利法和版权法,国会依据此授权制定出来的法律具有最高效力,各州在制定这些领域的规则时,不应把联邦的政策置之不顾或者取消联邦法所赋予的利益。专利作为法律授予的垄断权利,目的是通过奖励发明者而鼓励发明创造。在授予专利权时,必须对公众的权利和福利给予合理的考虑和维护,专利严格的授权条件及其行使时所受到的各种限制都是出于这个原因。专利有效期届满后便进入公有领域,他人即可自由复制。而且,专利领域需要全国统一的标准,各州不能直接违反联邦专利法,也同样不能间接地、借助于如反不正当竞争法这样的其他法律给予某种与联邦专利法目的相冲突的保护。不能获得专利权的产品,与专利权过期的产品一样,已经处于公有领域,任何人都可以制造或者销售。最高法院认为,Sears 所做的,正是在联邦专利法下他有权去做的。如果各州利用其不正当竞争法来禁止模仿某些产品,而这些产品由于其进步过于微小而不能获得专利权的保护,无异于在阻止公众利用那些联邦专利法认为已经属于公众的东西。这样做的后果是,一方面联邦法律给予那些真正的发明以有期限的保护,另一方面那些缺乏新颖性、不满足专利要求的些微进步却得到各州永久性

---

❶　Sears, Roebuck & Co. v. Stiffel Co., 376 U.S. 225 (1964).

的保护。这对于联邦专利制度而言是不能容忍的、过于严重的损害。Compco 案中❶，最高法院重申，对于既不受专利权保护又不受版权保护的产品，各州不能以不正当竞争法禁止复制该产品，否则就会违反宪法知识产权条款及相对应的联邦制定法所隐含的政策。

根据美国最高法院在 Sears-Compco 案的意见，不受专利法和版权法保护的产品就已经处于公有领域，从而不存在适用反不正当竞争法给予补充保护的前提，两案中所认可的州不正当竞争法可以作为的空间好像只限于：对于取得第二含义的、非功能性的产品结构设计，州法可以要求对商品加贴标签或采取其他预防措施避免消费者产生来源混淆。该两案后，有观点认为盗用制度已经被宣告死亡。❷

对于反不正当竞争法一般条款与知识产权法的关系问题，我国也有学者持类似于该两案中的观点，认为应明确知识产权部门法在各自保护领域的独占适用。只要某潜在的保护客体具备成文法保护的形式要件，即推定其进入立法者的视野，在知识产权法对该类利益的保护做出了结论之后，无论结论是肯定或是否定，法院均应接受这一结论，除非有明确的例外规定。在知识产权法之外进行的保护将违背立法政策。❸

2. Goldstein-Kewanee 案

美国最高法院在之后的案件中对于先占的范围又表现出一

---

❶ Day-Brite Lighting, Inc. v. Compco Corp., 376 U. S. 234 (1964).
❷ James M. Treece. Patent Policy and Preemption: The Stiffel and Compco Cases [J]. The University of Chicago Law Review, 1964, 32 (1): 80-96. 第一巡回上诉法院在 1967 年的 Columbia Broadcasting Sys., Inc. v. De Costa 一案中拒绝对不受版权保护的虚拟人物提供基于盗用的保护，认为该制度已经被 Sears-Compco 判决所否定。
❸ 崔国斌. 知识产权法官造法批判 [J]. 中国法学, 2006 (1): 144-164.

定程度的缓和态度。在 1973 年的 Goldstein 案[1]和 1974 年的 Kewanee 案[2]中，先后认定加利福尼亚州一项禁止盗录音乐唱片的刑事法律和俄亥俄州商业秘密法未被联邦版权法和专利法先占。Goldstein 案审理时，版权法已经对 1972 年 2 月 15 日之后录制的唱片给予了版权保护，但在此之前，录音制品并不在版权法保护的客体之列。Goldstein 因盗版该日期之前的唱片而遭到刑事指控，其认为加利福尼亚州该项法律违反了宪法知识产权条款及最高条款。最高法院认为，宪法知识产权条款并不表明各州把"赋予作者与其作品有关的专有权利"的权力完全交给联邦，而通过考察 1909 年《版权法》的立法历史，最高法院认为该法未给予录音制品保护只是因为国会没有考虑到这个问题，并不表明拒绝保护的态度。在这一点上，该案与 Sears-Compco 案的情况不同。专利法所确定的获得专利的条件是国会在鼓励创新和保证竞争之间进行平衡之后的结果，这些条件不仅表明了哪些是可以保护的，同时也表明了哪些是国会希望保持其自由使用的。而该案中的情况，国会并未进行过任何的平衡，国会未参与这一领域，所以各州可以自行决定是否予以保护。

Kewanee 案中，美国最高法院同样强调了判断州法是否违反宪法的最高条款，要看该法是否妨碍了国会实现其在联邦立法中的宗旨和目标。最高法院认为商业秘密法并不影响专利法的宗旨和目标，专利法的政策是"凡是进入公有领域的产品就应该保持其自由利用"，但商业秘密保护的并不是公有领域的产品，专利法鼓励发明的政策并不因为存在另一种形式的激励就受到影响。

Goldstein-Kewanee 案所体现的先占原则显然有别于 Sears-

---

[1] Goldstein v. California，412 U.S. 546，(1973)。
[2] Kewanee Oil Co. v. Bicron Corp.，416 U.S. 470（1974）。

Compco 案，其并未认定凡是专利法和版权法不保护的，即处于公有领域，而是强调了州法提供的保护是否妨碍了联邦法实现其宗旨和目标。对于某些未保护的对象，可能仅仅是联邦立法未考虑到、"未参与该领域"，而并非一概表明了不予保护的态度。对应我国学者前述观点，形式上符合知识产权法的保护要件的对象，知识产权法并不一定均对其进行了利益衡量并得出了是否保护的结论。当然该学者也认为其系推定进入了立法者的视野，那么也应该允许推翻。以版权法为例，版权法的保护对象众多，且随着社会和技术的发展还在不断扩张，如果出现了立法时尚未产生的新的作品形态，则不能仅仅因为版权法未提及就认为其拒绝给予保护。美国也有学者提出，可以将联邦法保护的标准分为定性标准（如专利法中的新颖性、非显而易见性等）和分类标准（如市场销售策略不能获得专利保护）；前者显示了国会更强的先占意图，因为国会确曾认真考虑过该客体；而仅仅未纳入保护类别不能显示具有类似的积极思考。❶

3. Bonito Boats 案

对于 Sears-Compco 与 Goldstein-Kewanee 案所体现的不同先占标准如何进行协调以及选择，是许多学者以及法院面临的难题。美国最高法院在十余年之后的 Bonito Boats 案❷中重新阐释了自己的观点，并对 Sears-Compco 与 Goldstein-Kewanee 两组判决的观点进行了梳理和协调。Bonito Boats 案中，最高法院认为佛罗里达州一项禁止以直接铸造模型的方式复制船体设计的法律被联邦专利法先占。此前，佛罗里达州最高法院已经认定该项法律破坏了联邦专利法在鼓励发明和自由竞争之间达到的平

---

❶ Paul Heald. Federal Intellectual Property law and The Economics of Preemption [J]. Iowa Law Review, 1991, 76: 959-1010.

❷ Bonito Boats, Inc. v. Thunder Craft Boats, Inc. 489 U.S. 141 (1989).

衡，因而是无效的。但联邦巡回上诉法院在 1985 年 Interpart Corp. v. Italia 案中认定加利福尼亚州类似的法律不被先占，就下级法院之间的冲突，最高法院作出裁决，维持了佛罗里达州最高法院的判决。

最高法院首先表达了"对思想的自由使用是一般原则，而专利保护只是例外"的观点，认为专利法对可专利性的要求以及宪法知识产权条款都体现了该思想。专利制度的最终目标是把新技术和新设计带入公有领域中来。对那些已经由于市场利益而向社会公开的设计和技术，如果州法提供保护的话，就会缩减可作为将来创新基石的思想的范围，因此与专利法的目标相悖。而且，如果州法上实质性相似的权利可以轻易获得，联邦所赋予的知识产权保护就会变得毫无意义。最高法院认为：在一定程度上，联邦专利法不仅必须决定哪些是受保护的，还必须决定哪些是可以自由使用的。特定情况下如果专利法所确定的平衡点很清楚，各州就不能再对这个判断重新进行考虑。

最高法院重申了其在 Sears-Compco 案中的判决，并认为 Sears 案的用语貌似绝对，但其结论却是各州可以对商业外观的使用附加某些条件，表明其默认各州对可能获得、却未获得专利权的对象的调整并不当然地被联邦专利法先占。最高法院认为，Sears 案中隐含的意思在此后涉及先占的案件（如 Kewanee 案）中得到了明确的阐述，州商业秘密法的保护对象很多都在专利法的保护范围内，该案仍然判定州法不被先占。

针对 Bonito Boats 案，最高法院认为所涉及的佛罗里达州法律直接禁止对产品本身设计的利用，并且禁止公众对处在公有领域内的产品进行反向工程，这显然是专利权人才享有的权利。联邦巡回上诉法院维持加利福尼亚州法律有效的理由是：其仅禁止了一种复制方法，并没有把该物品"拉出"公有领域。最高法院对此予以反驳，认为对于智力创造来说，禁止对其最有效的利用方式几乎是最有效的设立财产权的方法。佛罗里达州此项法律对专利法下不受保护的客体给予了类似专利权的保护，明显与联邦法的政策相违背，因此，该法律依据最高条款被联邦法先占。

Bonito Boats 案的判决由最高法院全体法官一致同意通过，因而具有比较高的权威性。其重申了 Sears-Compco 所确立的原则，即思想一旦被置于公有领域，就不能对其利用进行实质性的限制，但又纳入了 Goldstein-Kewanee 案的缓和途径，即在不与联邦法相冲突的情况下，各州可以规定涉及知识产权保护对象的调整方式。上述讨论虽是在美国法的框架下，但是假如我们把"联邦""国会"替换为"知识产权法"，把"州法""盗用"替换为"反不正当竞争法"，会发现其观点几乎全部适用。

有美国学者认为，Bonito Boats 案的意义还在于，在界定先占范围时，应从有利于体现联邦法律优先性的角度考虑，这一点上其对《美国版权法》第 301 条的适用也有一定的指引作用❶。

3.2.3　美国 1976 年版权法明确的先占原则

1976 年《美国版权法》规定了明确的先占条款，该法第 301 条（a）规定：任何州法上的请求，如果（1）它创设的是一种与版权法规定的同等的独占权利且（2）该权利保护的是版权法下的保护对象的话，联邦版权法先占。根据国会的报告，该条款的目的是：使用最清楚和没有歧义的语言，宣告版权法对提供同等

---

❶ David E. Shipley. Refusing to Rock the Bonito Boat: The Sears/Compco Preemption Doctrine Applied to Bonito Boats v. Thunder Craft [J]. Wake Forest Law Review, 1990, 25: 385-428.

保护的州法实行先占的原则，以避免可能产生的误解或者造成州法与联邦法的保护之间界限模糊。但是，对该条所规定的两个条件："与版权法同等的权利"以及"版权法的保护对象"，都产生了不同的理解，先占的范围远非起草者所希望的那样清楚和没有歧义。

关于"与版权法规定的专有权利同等的权利"，Nimmer 教授提出的"额外要件"测试（"extra element" test）得到了普遍的接受。❶ 如果仅仅是复制、表演、发行、展示即构成对州法所规定权利侵犯的话，该权利即被先占；但如果州法规定的诉由，在版权侵权诉讼的要件之外，还至少需要证明一种其他要件的话，则认为其并未落入版权法的范围之内，可以不被先占。❷ 比如，商业秘密法要求当事人之间存在的保密关系，商业秘密并非公开途径可以取得等，都是这样的额外要件。但关于哪些因素可以构成额外要件，仍然是一个复杂的问题。Bonito Boats 案中，州法虽然禁止的只是一种特定的复制方式，但最高法院认为其改变的只是州法所赋予权利的范围，而非其性质，所以仍然应该被先占。案例中体现出，诸如明知，违反商业道德，不当得利，原告付出的时间、努力和金钱等均不构成额外要件，

---

❶ Louis Altman, Malla Pollack. Callmann on Unfair Competition, Trademarks and Monopolies [M]. 4th ed. Westlaw. © 2017 Thomson Reuters, §15: 8.

❷ Partrick McNamara. Copyright Preemption: Effecting the Analysis Prescribed by Section 301 [J]. B. C. Law Review, 1983, 24 (4): 963-1016. 该文认为，"额外要件"测试虽然有时可得出明智的结果，但更经常的情况是结果与法条的意图相反。因为法院可以轻松地"找到"州法用以豁免先占所需的额外要件，州立法机关也可能通过在州法中增加无关紧要的要件来巧妙控制对先占的分析。作者认为应考虑更多要素，如州法的立法目的以及对于联邦法律框架的影响。转引自：Robert P. Mergers, Peter S. Menell, Mark A. Lemley, Thomas M. Jorde. 新技术时代的知识产权法 [M]. 齐筠，张清，彭霞，等，译. 北京：中国政法大学出版社，2003：698-699. 该书中将先占译为"优先权"。

而合同、承诺禁反言等则可以构成额外要件，使得州法的保护不被先占。❶

盗用原则通常直接禁止被告使用原告的某项成果，一般被认为是与版权专有权同等的权利。故盗用是否被版权法先占的判断主要依赖于其保护对象是否也是版权法的保护对象。由于版权法的保护对象非常广泛，该条件通常比较容易满足。这方面难以判断的情形是，对于可获得版权保护的作品中不受版权保护的部分，如思想、事实等，应如何看待。有观点认为版权法不保护思想和事实，表明思想和事实等不是版权法的保护对象，故州法可以提供保护而不被先占。相反观点则认为版权法不保护思想和事实，应视为是对版权保护范围的限制而非对象的排除，故州法的保护被《美国版权法》第 301 条先占。或者即使不被第 301 条先占，也可能打破了国会制定版权法意图维持的平衡，而在宪法最高条款下被先占❷。前文中提及有学者将联邦法保护的标准划分为定性标准和分类标准，认为前者体现了更强的先占意图。以版权法为例，独创性显然是法律提供保护的定性标准，而比如美国版权法早期不保护录音制品体现的是分类标准。但是，前述分析可见，对于版权法不保护思想以

---

❶ 对案例中认可以及未认可的额外要件的介绍，可参见：Louis Altman, Malla Pollack. Callmann on Unfair Competition, Trademarks and Monopolies [M]. 4th ed. Westlaw. © 2017 Thomson Reuters, §15: 8.

❷ Restatement of The Law, Third: Unfair Competition, ST. PAUL MINN., American Law Institute Publishers, 1995, §38, Comment e. 第 3 次反不正当竞争法重述支持第 2 种观点，并认为，除版权法和宪法最高条款外，州法对思想和事实提供的保护还有可能与宪法第一修正案相冲突。采纳两种观点的案例都有，前者观点如 Decorative Aides Corp. v. Staple Sewing Aides Corp. (S. D. N. Y. 1980)；后者如 Vermont Castings, Inc. v. Evans Products, U. S. P. Q. (BNA) 758, (D. Vt.1981). 转引自：David E. Shipley. Refusing to Rock the Bonito Boat: The Sears/Compco Preemption Doctrine Applied to Bonito Boats v. Thunder Craft [J]. Wake Forest Law Review, 1990, 25: 385-428. 该作者亦赞同第 2 种观点。

及事实这样一个要求，视为定性标准还是分类标准仍然会有争议，所以该方法对于增进分析的清晰度来讲没有太大帮助。❶ 最重要的还是要结合立法政策和立法意图，判断对知识产权法不予保护的对象或者保护对象中不予保护的部分，究竟是立法者认为应留入公有领域，如 Sears 案中情况，或者仅仅是立法者未参与该领域（leave unattended），如 Goldstein 案。

在 1976 年版权法制定过程中，参议院最初提交的§301 的草案曾明确列举了若干不被先占的州法上的诉因，包括侵犯隐私权、诋毁、仿冒和虚假陈述等欺骗性贸易行为以及"既不在版权保护范围又没有提供同等权利"的盗用。由于司法部的反对，该条款被删除，但删除的目的并不明确。故这一段立法历史对于曾经在"豁免条款"中的这些州法诉因不产生影响❷，只需依照最终的条款进行判断即可。

3.2.4　对反不正当竞争法一般条款适用的启示

美国法下关于盗用所提供的保护是否被联邦知识产权法先占问题在立法、司法中的争论和发展，对我们考虑如何划定反不正当一般条款对智力成果提供保护的界限可以有如下启示：如果反不正当竞争法一般条款对专利法和版权法的保护对象提供的保护，实质上类似于专利法或版权法所赋予的专有权利的话，应该是不能允许的。如何判断是否为同等，可以参考"额外要件"标准，即在侵犯专有权的要件之外是否还需要其他额外要件。判断中的价值取向是有利于实现专利法和版权法"促

---

❶ 正如有观点认为，以何种方式确定立法者意图保护或者不保护某个对象，并非易事，其中夹杂着价值判断。参见：袁荷刚. 知识产权法与反不正当竞争法关系之检讨——以知识产权法定主义为视角 [M]. 法律适用，2011（4）：66-68.

❷ Louis Altman, Malla Pollack. Callmann on Unfair Competition, Trademarks and Monopolies [M]. 4th ed. Westlaw. © 2017 Thomson Reuters，§15：8.

进科技文化进步"的立法政策，对其明确放入公有领域的，不应通过反不正当竞争法一般条款再提供保护；如果立法意图有模糊之处，倾向于不保护。与前述我国最高人民法院司法政策中的表述相比，一是借鉴美国版权法规定的"保护对象"和"同等权利"两个条件，使得是否违反立法政策有了具体化的判断依据；第二点是明确价值取向，在判断有模糊之处时应当倾向于不提供保护。我国反不正当竞争法司法实践中涉及专利法保护对象的情形较为少见❶，故下文将依照上述方法和指导，分别以版权法保护的对象（作品）和不保护的对象（作品名称等作品要素）为例，结合相关案例，讨论反不正当竞争法一般条款的适用。

3.3 与作品保护有关的一般条款适用问题

一般情况下，对于能够获得著作权的作品，当然应当适用著作权法而不是反不正当竞争法来进行保护。实践中出现适用反不正当竞争法一般条款来对作品进行保护的情形，有可能是由于权属问题（无法证明著作权人或者著作权归属他人），或者保护期问题（超过了保护期而无法主张著作权保护），或者法院

---

❶ 反不正当竞争法提供的保护与专利法类似的情形，比如所谓的"盲从模仿 slavish imitation"，即指亦步亦趋地抄袭他人不享有专有权保护的产品，我国法律对此种行为没有特殊规定，部分国家认为属于不正当竞争行为。比如，德国规定，竞争者模仿他人商品或服务的样式，导致消费者对商品或服务来源的混淆，或者不合理地利用或损害被模仿商品的商誉，构成不正当竞争。日本也有类似规定，但仅涉及产品的样式，且仅提供相关产品在日本销售之日起3年的保护。参见：李明德.关于反不正当竞争法的几点思考［J］.知识产权，2015（10）：35-44. WIPO反不正当竞争示范规定中未将其规定为不正当竞争行为，并在第1条的注释1.11中认为"无法制定一般能接受的条件，以证明在专利之外引进此种保护具有合理性"。

不认可某对象构成作品而适用了一般条款（如电影中的人物形象）。当然也有可能是法院在侵犯著作权和不正当竞争之间没有进行正确区分。

3.3.1 认定侵犯著作权的，不应同时适用反不正当竞争法一般条款

如果法院已经根据著作权法认定了某种行为构成对著作权的侵犯，没有必要再适用反不正当竞争法的一般条款，没有必要重复保护，多数案件中法院都正确地指出了这一点。但也有案件中，法院在认定侵犯著作权之后，在没有增加任何事实的情况下，又认定该行为同时违反诚信原则和商业道德，构成不正当竞争："被告对原告享有权利的作品提供链接，但未跳转至来源网站，并进行了排列整理，提供回看服务，故其对侵权行为明知，主观恶意程度较高，损害原告利益，同时自身获取经济利益，应承担侵犯著作权的责任。作为同业竞争者，损害原告利益，属于搭便车行为，并且违反了诚信原则和商业道德，亦构成不正当竞争行为。"❶

该论理方式相当于将侵犯著作权的行为均认定为违反诚信原则和商业道德，故所有构成前者的行为均可以依据反不正当竞争法一般条款认定为不正当竞争行为，没有遵循一般条款适用的基本规则，显然不足取。还有案件并非从形式上认为不必重复认定而不适用反不正当竞争法一般条款，而是在实质意义

---

❶ 北京市海淀区人民法院（2015）海民（知）初字第11687号民事判决书，该案一审生效。

上认为没有证据证明扰乱了社会经济秩序，故不构成不正当竞争。❶

部分案件中涉及经营者使用他人的产品图片或者工程图片等作为自己的产品或业绩进行广告宣传的情况，此时，如原告能够证明其也是图片的著作权人，则既可以主张侵犯著作权，也可主张被告构成虚假宣传。从行为性质上讲，虚假宣传更能概括和反映被告的意图，并且从赔偿的角度，原告的损失和被告的获利都并非一般意义上使用他人图片作品的损失及获利，虚假宣传案由下能更好地考虑到原告可能的商业机会的丧失或者商誉的损失等，从而使得赔偿数额更接近于原告的损失或者被告的获利。故如果原告没有主张著作权或者无法主张著作权，其也可以单独提出虚假宣传的主张。❷ 但是有的案件并未认定是否构成虚假宣传，而是直接适用反不正当竞争法一般条款，同样存在向一般条款逃避的问题："对于图片及宣传语，虽然原告未举证其著作权归属情况，但经营者对其发布的有独自特点的语言、图片等信息享有相应的合法权益，其他市场主体应予尊重，不得以抄袭、模仿等形式加以实施，否则即违反了反不正

---

❶ 山东省高级人民法院（2016）鲁民终1645号民事判决书。该案中，作者对于其职务作品，未经原告单位同意在两年内许可被告使用，一审法院认为违反了《著作权法》第16条第1款规定，被告的使用侵犯原告的著作权。但是，根据《反不正当竞争法》第2条第2款规定，虽然被告侵害著作权的行为一定程序上损害了原告的合法经营权益，但并无证据证明扰乱了社会经济秩序，不构成不正当竞争。二审法院虽然维持，认定构成侵犯著作权，但是基于著作权登记证书认定没有相反证据的情况下原告为著作权人。该案一审判决体现出的对不正当竞争行为要求一定程度的社会危害性（足以扰乱社会经济秩序）的观点值得赞许，但是对危害程度如何考虑，把握到何种程度，已经为著作权法所确认为违法的行为是否还不足以构成"扰乱经济秩序"等均是值得考虑的问题。

❷ 如在广州知识产权法院（2016）粤73民终558号案中，被告网站使用原告图片作为"成功案例"展示，一审法院在未支持著作权侵权的情况下，认定构成虚假宣传。二审法院除缩小了原告所主张的图片范围外，其余亦予支持。

当竞争法第二条的规定，构成侵权。"❶

3.3.2 对于不侵犯著作权或者未主张著作权的情形如何适用一般条款

对于著作权法的保护对象，应当认为著作权法提供了完善的保护，考虑了各方利益的平衡，一般情况下应保证著作权法的独占适用。如果由于该保护对象不具有独创性或者已经超过保护期，根据著作权法，被告的行为不构成侵权，一般无需再考虑反不正当竞争法的适用。即便特殊情况下可以适用，也应当衡量反不正当竞争法一般条款是否提供了与著作权法同等的保护，该保护是否妨碍了著作权法的立法政策和目标的实现。在上海美术电影制片厂诉武汉某珠宝公司侵害著作权及不正当竞争纠纷案❷中，被告发行了印有《大闹天宫》动画电影中的孙悟空形象的金钞，由于该动画形象已经过了50年的著作权保护期，法院未支持关于著作权的主张。原告另以《反不正当竞争法》第5条第（二）项、第9条以及第2条为基础主张被告构成不正当竞争，二审法院认为：

电影作品《大闹天宫》和"美猴王"形象不属于反不正当竞争法规定的知名商品，故"大闹天宫"及"美猴王"不构成知名商品的特有名称，"美猴王"形象也不构成知名商品的特有装潢。被告广告中使用的"美猴王贺岁金""源自经典动画《大闹天宫》美猴王形象"等语言是对产品的客观描述，内容并非虚假，不会使相关公众对产品的生产商或经营者产生误解，不构成虚假宣传，也未违反诚实信用原则和公认的商业道德。

该案中原告寻求禁止的是被告对孙悟空形象的使用，即复

---

❶ 北京知识产权法院（2016）京73民终125号民事判决书。
❷ 湖北省高级人民法院（2017）鄂民终71号民事判决书。

制行为，显然属于著作权法规定的专有权利。著作权法对作品保护期的规定是体现其立法政策，即通过暂时的专有权保护鼓励更多作品的产生和传播，并在保护期届满之后进入公有领域从而保护并扩大公有领域的重要制度安排。如果在保护期届满之后，权利人通过主张反不正当竞争法一般条款，还能再次获得与著作权法中的专有权同等的保护，无疑将架空著作权保护期制度，从而严重影响到著作权法意图达到的利益平衡，故此种情形下，对一般条款的适用应该不被允许。该案中两审法院虽然均未支持原告该项请求，但一审法院是从原、被告之间不存在竞争关系，所以不构成不正当竞争法院的角度，二审亦未能从更深层次的反不正当竞争法一般条款与著作权法的关系入手进行论证，不能不说是一个遗憾。❶

当然，如果反不正当竞争法对于超过著作权保护期的作品提供的是基于防止混淆的保护，比如该作品被用于商品上并成为知名商品特有装潢（或者是2017年《反不正当竞争法》所称的具有一定影响的商品装潢），则即使作品超过保护期，也仍然可以制止他人在商品上容易引起混淆的使用。这并不违反

---

❶ 该案中原告除主张著作权之外，还认为《大闹天宫》电影作品和"美猴王"形象属于知名商品，二者同时是知名商品特有名称，美猴王形象是知名商品特有装潢，在著作权过期之后仍然主张上述保护，一定程度上体现了过度主张权利的倾向。引起较多关注的《傅雷家书》版权问题中，傅雷之子傅敏在傅雷夫妇作品全部进入公有领域之后，在媒体上发出律师声明，警告他人以进入公有领域的傅雷夫妇家信选编而成的家书，不得以"傅雷家书"书名出版，否则构成对傅敏编《傅雷家书》保护作品完整权的侵犯，同样有过度主张权利的问题。而安徽省合肥高新技术产业开发区人民法院一审判决《傅雷家书》构成知名商品特有名称，中国文联出版社2017年出版的《傅雷家书》构成不正当竞争，从公开的法院论述部分亦未体现出法院对于傅雷夫妇作品已经进入公有领域这一因素对案件的影响的考虑。这些都说明关于知识产权法立法政策对于反不正当竞争法适用上的限制作用，尚未引起法院的充分重视。该案信息参见：周瑞平.《傅雷家书》属知名商品有"特有名称"[N]. 人民法院报，2018-1-10（03）. 该报道中未提及一审判决是否生效。

第 3 章　智力成果保护中反不正当竞争法一般条款的适用 | 95

前述的判断原则，此种保护要求使用在商品上，且通常是相同或类似的商品，以容易引起混淆为保护前提，并非绝对禁止复制，故其存在"额外要件"，并非与版权同等的权利。不过，该保护一般主张反不正当竞争法的仿冒条款（该法第 6 条）即可，也不需适用一般条款。

在中国运载火箭技术研究院与宝马（中国）汽车贸易有限公司不正当竞争纠纷❶中，宝马公司发布了一则主题广告，广告画面从左至右分别为：牡丹花所围绕的宝马汽车、两名手持乐器的青年以及两名燃放鞭炮的儿童，鞭炮的上方出现了所争议的 CZ-2F 运载火箭图形，广告画面最右侧还有正在跳舞的姑娘、放风筝的儿童等图案。整体广告画面构图元素的大小从左向右递减。该主题广告右侧上方有宝马的标志。宝马公司的广告供应商取得了 CZ-2F 运载火箭图片的著作权人全景视觉公司的许可。

法院认为：涉案广告中的火箭外部形象独特，且具有"中国航天载人工程运载工具"的独特含义，使用该形象能够加强宝马公司广告的效果，受众会对该广告留下更深刻的印象，宝马公司由此获得了更为有利的市场竞争地位，受众会误认其得到了运载火箭技术研究院的许可，或者二者之间存在某种合作关系。该行为损害了运载火箭技术研究院的合法权益，违反诚信原则，构成不正当竞争。

该案中原告举证其注册了商标，但并未主张侵犯商标权，法院也未就商标问题进行论述。原告亦未主张著作权，故该案

---

❶ 北京市丰台区人民法院（2011）丰民初字第 22586 号民事判决书，该案二审系调解结案。

判决不应受"火箭形象可能受到著作权法保护"这一因素的影响。❶ 在此情况下,法院未经论证就直接认定运载火箭技术研究院对火箭形象享有"合法权益",并基于该语焉不详的权益赋予其类似于复制权的、禁止他人在广告中使用该形象的权利,相当于在未论证火箭形象是否具有足够的独创性从而可以受到著作权法保护的情况下,直接赋予了其与著作权法类似的保护,以反不正当竞争法一般条款代替了特别法的适用。此种法律适用之所以不应被允许,原因有二:其一,如果根据著作权法该火箭形象应该受到保护,此种适用属于"向一般条款逃避",违反了法律适用形式上的要求;其二,反之,如果火箭形象不满足著作权法保护的条件,那么其提供的保护就可能在实质上与著作权法相冲突。法院论述中所强调的"运载火箭作为中国载人航天工程的运载工具具有独特含义",不足以构成其保护与著作权法中的专有权利不相等同的"额外要件",广告中使用作品当然是要利用其"独特含义"来增强广告效果。原告享有注册商标权却并未主张,这一事实也可反映出其自认为未侵犯其商标权。在未论证火箭形象对于公众而言具有识别意义的情况下,

---

❶ 虽然法院关于"运载火箭图形具有独特的外部形象,权利人可自由选择寻求何种权利保护"的论述似乎暗示其认为运载火箭形象享有著作权。在与运载火箭形象类似的"歼十"飞机造型著作权案件中,北京市高级人民法院认定:"歼十"飞机(单座)的造型不构成美术作品,参见:(2014)高民(知)终字第3451号民事判决书。该案一审中,北京市第一中级人民法院认为歼十飞机的"艺术"方面与"实用"方面不能分离,故不满足实用艺术作品作为美术作品受著作权法保护的条件。二审法院认为原告未对该造型中哪些成分是"可独立于飞机性能的艺术表达"尽到举证证明或合理说明的义务,维持了不构成美术作品的结论。该案二审认定"歼十"飞机模型构成模型作品,基于此撤销了一审判决。最高人民法院(2017)最高法民再第353号民事判决认为根据"歼十"飞机等比例缩小制造的"歼十"飞机模型不具有独创性,不构成模型作品,撤销二审判决,维持了一审判决。该案再审过程仅涉及"歼十"飞机模型是否构成作品的问题,故最高人民法院对"歼十"飞机形象本身是否能够构成作品未予论述。

法院认为"有可能导致公众误认得到原告许可"也缺乏事实基础。❶

3.3.3 影视作品中可视化人物形象：著作权法还是一般条款保护

在涉及电影《煎饼侠》中"煎饼侠"形象的侵犯著作权及不正当竞争纠纷案❷中，被告促销人员装扮成"煎饼侠"发放促销材料。促销材料、被告相关 APP 及微博中均使用了煎饼侠名称及卡通形象。法院认为，煎饼侠人物形象及作品名称不能受到著作权法的保护，但是被告对人物形象及名称的商业化使用

---

❶ 法院关于"可能导致相关公众误认为得到原告许可或者双方存在合作关系"的理由，一定程度上与所谓的"商品化权"有类似之处。如学者所言，商品化权是一个庞杂的概念，其以行为导向而非客体性质来确定权利，缺乏权利概念的封闭性。参见：何炼红，邓文武. 商品化权之反思与重解[J]. 知识产权，2014（8）：3-9. 鉴于商品化权并非法律规定的权利，本书称之以"商品化权益"。也有学者认为应将英文的 character merchandising 翻译为"角色促销"，参见：刘银良. 角色促销：商品化权的另一种诠释[J]. 法学，2006（8）：22-33. WIPO 于 1994 年专门发布了关于商品化权益的报告，其中把商品化权分为 3 类：虚拟角色商品化权益、人格商品化权益以及（影视）形象商品化权益。我国并没有所谓的商品化权益的法律规定，但可根据其他法律"分而治之"地对部分对象提供保护。比如，虚拟角色通常能够构成美术作品从而受到著作权法的保护，真实人物的姓名、肖像等可以在人格权下得到保护，而影视人物形象则视其是否体现演员个人的外貌特征等分别对待。实践中涉及较多的还有作品名称、角色名称等，下文会有讨论。但正如学者所言，无论赋予什么样的权利和采取何种法律形式，总会有一些可用于促销的角色得不到法律保护。应抛弃"有价值即有权利"（if value, then right）的思路，依靠市场的自我调节，可能比法律干预更有效、更公正。行为人只要采取适当形式声明其与原作品或者原告没有关系就能够解决问题，没有必要赋予一种法律上的权利。参见：Stacey L. Dogan, Mark A. Lemley. The Merchandising Right: Fragile Theory of Fait Accompli? [J]. Emory Law Journal, 2005, 54：461-523. 如该案中所涉及的火箭形象，如果能构成作品，自然可以在著作权法框架下得到保护，如果不能作为作品受到著作权法的保护，也无法当然在反不正当竞争法一般条款下支持其商品化权益。

❷ 北京市大兴区人民法院（2015）大民（知）初字第 17452 号民事判决书，该案一审生效。

方式违反了诚实信用原则：

"煎饼侠外观形象的设计具备创意，能够使受众产生独特认识，不会与已有动漫形象混同，但是目前著作权法尚无人物形象权的规定。美术作品必须体现在一定的物质媒介上，演员与服饰的结合所形成的人物形象不符合这一要求，故不构成美术作品。电影作品中的人物形象是角色身份、经历、性格、姿态、服饰等因素结合而成，通过影片的故事情节予以确定展现，静止的画面或造型绘画图不能反映人物形象的全部内容，故人物形象无法纳入著作权法规定的作品形态。

"煎饼侠人物形象通过影片的情节及演员的表演，具有独立的抽象的个性化特征，其外观形象与其他角色相比具有显著的区别性及识别作用，已有相当程度的知名度和影响力。在市场环境下，享有知名度和影响力的人物形象具有商业价值，可以为使用者带来经济利益。该商业价值来源于电影制片者对影片的投入及付出，所带来的经济利益应由制片者享有。被告在促销活动及宣传材料中使用煎饼侠人物形象及名称，系利用煎饼侠角色对消费者的吸引力及消费者对该角色的喜好，激发消费者了解使用其服务的热情或愿望，给自己带来经营上的优势。其行为无偿占有了制片者为该影片的付出及投入，对其以商业化方式使用影片的人物形象及名称造成不利影响，违反公平及诚实信用原则，构成不正当竞争。"

该案涉及的是真人饰演的卡通形象，法院事实上认可煎饼侠人物形象具有足够的独创性，只是囿于著作权法中没有"人物形象权"的规定，无法纳入著作权法规定的作品类型，而认为无法为其提供著作权法的保护，最终采纳了反不正当竞争法一般条款的保护途径。对于可视的卡通形象，无论其是以漫画形式还是三维形式存在，一般认为，只要具有独创性即可以成为受著作权法保护的美术作品。❶ 在该案中，法院认为以著作权法保护由演员饰演的卡通形象存在两个障碍：首先，美术作品需要体现在一定的物质媒介上，演员与服饰的结合不符合该条件；其次，影片中的人物形象是多种因素的结合，静止画面或造型图不能完整反映全部内容。但是与普通的卡通形象对照即可发现，第二个问题对于卡通形象也同样存在，作品中的卡通形象肯定存在多个形态，但并不妨碍其构成作品，只要所有形态中都包含该形象区别于其他形象的独特特征即可，著作权法保护的不只是某一个静态的形象，而是构成该形象的那些独特特征的结合。对于第一个问题，答案也在于此，尽管特定的人物形象由真实的演员饰演，但如果其表现的并非该演员的外貌特征，而是经过特定设计的卡通形象，该形象可以脱离演员而存在，即使更换演员，只要经过同样的化妆和造型设计就可以体现同样的人物形象的话，该人物形象应该与其他卡通形象一样，构成受著作权法保护的作品。❷

该案涉及的情形是以角色形象进行促销，也在所谓的商品化权益的涵盖范围之内。在现行的法律体系下，将其视为作品通过著作权法固然可以保护，即使不认可其构成作品，如该案法院所做，也认为被告行为违反了诚信原则，通过反不正当竞争法一般条款进行了保护，可见对具有消费吸引力的角色形象进行保护的正当性有一定的共识。两种保护方式的区别体现在：著作权法要求角色形象具有独创性，而反不正当竞争法除要求其具有区别于其他形象的识别性之外，还要求其具有一定的知

---

❶ 卢海君. 版权客体论 [M]. 北京：知识产权出版社，2011：412.
❷ 可以对比的是，如果影视作品中人物形象与演员个人的相貌特征紧密结合，相关公众可以将该形象识别为该演员，则演员个人可对其主张肖像权的保护，参见："六小龄童"肖像权案，北京市第一中级人民法院（2013）一中民终字第05303号民事判决书。

名度和影响力；著作权的保护有期限的限制，而反不正当竞争法则没有明确的期限。考虑到特别法优先适用的一般原则，再考虑到最大限度地维护自由竞争和公有领域，本书认为，如果反不正当竞争法提供的保护强度与著作权法基本相当，倾向于仍然采纳著作权的保护方式，如果反不正当竞争法一般条款的保护更有利于保护公有领域，则可以考虑采纳一般条款的保护。比较两种保护方式的不同可以发现，似乎一般条款对赋予保护要求的条件更高，但著作权保护具有明确的保护期限这一点，又较一般条款的无期限更为有利❶，所以总体上二者的保护力度没有明显差别。在这种情况下，本书倾向于坚持优先适用特别法的保护，即将其视为作品，纳入著作权法的保护框架。

归纳起来，对于可以受到著作权法保护的作品类型，如果根据著作权法已经得到保护，那么没有必要在反不正当竞争法一般条款下主张同等性质的保护，此乃一般条款适用的基本要求，是"形式意义"上的知识产权法先占；如果因为不符合著作权法的保护条件或者超过著作权保护期，更不得依据反不正当竞争法一般条款提供同等性质的保护，避免妨碍和破坏著作权法的立法政策，此乃"实质意义"的知识产权法先占。当然，

---

❶ 当然，反不正当竞争法保护可以永久存在只是理论上的，事实上取决于影视作品是否能延续其影响力，由于著作权保护期足够长，电影拥有影响力的时间有可能短于著作权保护期，在这个意义上，适用一般条款保护可能更有利于竞争。但由于该效果不确定，故本书仍然只在形式上考虑二者保护期限的差别。其实，这里确实提出了一个值得思考的问题，即，假如一部作品或者作品中的人物持续具有影响，比如，超过100年甚至更长，其应该已经成为人类文化的组成部分，是否还应该一直受到保护？即反不正当竞争法的无期限是否等于"永久"？是否可能有一个最长保护期之类的规定？在这个方面，美国有关自然人的公开权保护中也有相关的争论和不同的做法。比如，美国部分州将公开权限于在世的自然人，部分州的立法允许公开权可以继承，但也规定了固定的期限，如加利福尼亚州及部分州规定的是50年。参见：Restatement of The Law, Third: Unfair Competition, ST. PAUL. MINN., American Law Institute Publishers, 1995, §46, Reporter's note Comment h.

如果根据一般条款提供的保护与著作权法的专有权利并不等同，比如，是在防止混淆基础上的保护，则与著作权法的立法政策并不冲突。在是否属于著作权法保护对象有一定模糊之处，而根据反不正当竞争法一般条款提供的保护与著作权法的保护类似，并未明显添加构成要件或者限制条件的话，如果对著作权法保护对象的含义进行扩展即可涵盖该对象，倾向于采用著作权法的保护。

3.4 与作品名称等作品要素保护相关的一般条款适用问题

对于作品名称、作品中的角色或人物名称等，通常认为其不能独立构成作品，所以无法单独受到著作权法的保护。根据前述的一般条款适用不得违背知识产权法的立法政策的原则，应该认为著作权法不保护作品名称、角色人物名称等，是基于其不符合著作权法所要求的独创性，故著作权法对该类对象进行过利益衡量，反不正当竞争法一般条款不能违反该结论，即不能提供与著作权法所规定的复制等专有权相等同的保护。但这是否意味着著作权法意图将此类对象放入公有领域，从而任何人均可自由使用？本书认为尚不能得出此结论。比如，将作品名称或者角色名称作为商标申请注册，即使著作权保护期满之后，在该对象上的商标权仍然存在，当然，商标权的保护范围与著作权不同。❶ 公有领域的概念应该是穷尽了所有知识产

---

❶ 比如"彼得兔"案，该案中，"彼得兔"系列童话故事是英国女作家毕翠克丝·波特创作的作品，作品已过著作权保护期，但"彼得兔"文字及"兔子小跑图"等均为有效注册商标。中国社会科学出版社出版了《彼得兔系列丛书》，书

权法之后才能得出的结论❶,著作权法不予保护并不意味着反不正当竞争法完全不能作为,也不能提供任何的保护,只是意味着不能提供与著作权的专有权利同等的保护。

3.4.1 对作品名称的保护

通常认为,作品的名称一般比较简短,难以满足独创性的要求;与作品难以分割,不足以单独成为某种思想感情的表达,故不能单独构成著作权法保护的作品。❷ 我国与美国在此问题上的立场比较接近,如美国权威的版权法专家 Nimmer 教授认为:在美国,不论根据普通法还是根据制定法,作品标题均不能获

(接上注)

中亦使用了包括彼得兔形象的相关插图。商标权人英国沃恩公司认为其侵犯商标权。北京市第一中级人民法院一审认为,沃恩公司注册商标文字和图形均来源于毕翠克丝·波特的作品,直接标识了作品的内容,由于作品已进入公有领域,因此,其享有的商标权不能阻碍他人对作品的正当使用。中国社会科学出版社的使用符合出版行业惯例,是对作品内容的描述,不侵犯沃恩公司商标权。事实上,即使在著作权保护期内,他人如获得授权出版相关图书,亦可以正当方式使用"彼得兔"相关文字及图形,并不需要另外获得商标权的许可。参见:北京市第一中级人民法院(2003)一中民初字第 6356 号民事判决书,该案中国社会科学出版社上诉后撤回,一审判决生效。

❶ McCarthy J. Thomes. McCarthy on Trademarks and Unfair Competition [M]. 4th ed. Westlaw. © 2012 Thomson Reuters. 这也是前述的美国最高法院 Sears-Compco 案受到批评的原因,其认为只要专利过期的产品就处于公有领域,过于绝对,正如其后 Bonito Boats 案中最高法院承认,Sears 案虽然用语绝对,但其结论却并非认为州法不能提供任何形式的保护。Bonito Boats 案中,O'Conner 大法官虽然在判决中称:专利法不但要决定哪些需要保护,也在一定程度上决定哪些不能保护,但也增加了在"一定程度上"的限制,也是强调州法的保护不能与专利法相冲突。

❷ 比如云南省高级人民法院(2003)云高民三终字第 16 号"五朵金花"案,二审法院认为:仅仅"五朵金花"4 个字,字数有限,不能涵盖作品的独创部分,因此不是法律意义上的作品。前述"煎饼侠"案中,法院认为:煎饼侠名称虽然有一定的独创性,体现了影片角色的性格特征,但这种体现不能脱离影片而存在,名称本身不构成作品。但是在"阿童木"案中,泉州市中级人民法院一审认为:阿童木人物形象具有独创性,"阿童木"3 个字在某种意义上指代了铁臂阿童木系列作品

得版权保护。❶ 一些国家如法国、加拿大等则承认具有独创性的作品名称可以受到著作权法的保护。❷ 本书认为，对于作品名称不赋予著作权的保护，除了独创性方面的原因之外，还在于尽量维护和扩大公有领域的价值取向，即使作品名称可能具有一定的独创性，但由于其篇幅过于短小，对其赋予著作权保护有可能对他人的创作自由构成过大妨碍，故从政策选择角度也倾向于不保护。而在反不正当竞争法下，可能作为作品名称保护依据的包括有一定影响的商品名称（1993 年法律中的知名商品特有名称，本书中将二者作同一概念对待）、虚假宣传以及一般条款。

1. 有一定影响的商品名称（知名商品特有名称）

反不正当竞争法对有一定影响的商品名称（知名商品特有名称）提供的是基于防止混淆的保护，通常来讲，其并不是与著作权同等的权利，因为其并不绝对的禁止复制。但如果涉及的是作品名称，则与普通的商品名称的情形有所不同，具有一定的特殊性。虽然现代社会作品的商业属性增强，但是作品毕

（接上注）

及阿童木卡通形象，故也构成作品。但认为被告拥有阿童木注册商标，故将阿童木作为其企业名称中的字号具有正当理由，不侵犯原告的著作权。二审法院认为阿童木仅是作品中主要角色的名字，本身不包含任何思想内容的表达，不构成作品。一审法院认定事实和适用法律存在瑕疵，但认定不构成侵权的结果正确，所以维持原判。参见：福建省高级人民法院（2014）闽民终字第 413 号民事判决书。该案虽然涉及的是角色名称，但与作品名称情形类似，一审判决是为数不多的认定具有独创性从而应受著作权法保护的案例。即便不考虑其认定"阿童木"3 个字构成作品是否正确，其之后的论证亦明显存在问题。如果原告对阿童木的名称享有著作权，被告以阿童木为注册商标本身亦侵犯原告著作权，当然更不足以构成以阿童木为字号的正当理由。

❶ Melville B. Nimmer, David Nimmer. Nimmer on Copyright, Matthew Bender & Company, Inc.（2009）§ 2.16.

❷ 卢海君. 版权客体论 [M]. 北京：知识产权出版社，2011：456.

竟与普通商品不同。在均将某名称作为作品名称使用的情况下，由于原告名称指向的是特定的作品，其所要制止的也是他人将该名称用于特定的作品，这些都与普通的商业标识使用的情形不同，反而是著作权法中复制权的最直接的表现形式，虽然复制权的涵盖范围远超于此。所以，如果根据反不正当竞争法认定作品名称构成有一定影响的商品名称（知名商品特有名称），从而阻止他人使用相同或类似的作品名称时，须对该认定与著作权法可能的冲突有足够警惕，需要有充分的"额外要件"佐证保护的必要性。

在有关《男人来自火星·女人来自金星》知名商品特有名称、包装装潢纠纷案中❶，原一审、二审法院均认定该书名构成知名商品特有名称，最高人民法院亦予以维持，法院认为："虽然该案图书名称《男人来自火星·女人来自金星》来自西方谚语，不是原告独创，但是吉林文史出版社将其作为自己的图书商品的名称在先，出版发行并取得了较高知名度。没有证据表明还有其他的经营者早于原告在图书类商品上使用同样的名称。该名称具有区别商品来源的作用，构成知名商品的特有名称。"

在北京永旭良辰文化发展有限公司与北京泽西年代影业有限公司、北京星河联盟影视传媒有限公司不正当竞争纠纷中❷，原告主张其电影《笔仙》的名称构成知名商品特有名称，被告《笔仙惊魂》电影名称侵犯其该项权益。法院认为："笔仙"一词本身的主要含义是指一种占卜游戏，并不具有相当的区别性特征和显著性，故电影《笔仙》的片名不应被认定为知名商品特有的名称。"笔仙"是一种占卜游戏的名称，作为电影拍摄题材不能为某一主体所垄断，不具有专有性。

---

❶ 最高人民法院（2013）民申字第371号民事裁定书。
❷ 北京市高级人民法院（2014）高民（知）终字第3650号民事判决书。

未注册的商品名称本质上属于未注册商标，对其保护的原因在于其实际上起到了标识商品来源的作用，而作品名称本身在指示来源方面是有缺陷的，其指代的仅是"某一个作品"，而非"来源于谁"的作品，在指示来源方面，作者、出版社可能比作品名称更为重要。❶ 故不论从作品名称本身在指示来源方面作用的有限性考虑，还是从不与著作权法相冲突的角度考虑，将作品名称视为有一定影响的商品名称（知名商品特有名称）进行保护均应十分慎重。总体看来，我国目前对作品名称认定为知名商品特有名称标准失之于宽松。❷

---

❶ 有关电影《功夫熊猫》名称是否起到标识来源作用问题，在民事侵权案件和商标行政案件中的不同认定，可以印证作品名称这一尴尬处境。在北京市高级人民法院（2013）高民终字第3027号民事判决书中，法院认定梦工厂等被告在电影《功夫熊猫2》中使用"功夫熊猫"是对其电影内容等的描述，并非表明商品或者服务的来源，故不是商标性使用，不构成对他人"功夫熊猫"注册商标的侵害。但在该院（2015）高行（知）终字第1969号行政判决书中，梦工厂以《功夫熊猫 Kung Fu Panda》电影名称构成在先权益为由，主张被异议商标"Kung Fu Panda"不应核准注册，该院认为在先电影名称构成应受保护的在先权益。虽然其保护基础更接近于"商品化权益"而非"知名商品特有名称"，但假如不认可在先电影作品名称可以产生标识性权益的话，商品化权益所要求的"容易使相关公众误认"等要件亦无法满足。也有学者认为，公开权在逻辑上与商标权更为接近，将其与商标权而非版权法类比可以避免公开权的过度扩张。参见：Stacey L. Dogan, Mark A. Lemley. What The Right of Publicity Can Learn from Trademark Law [J]. Stanford Law Review, 2006, 58 (4): 1161-1220.

❷ 该状况同样体现在商标注册领域，以各类作品名称申请注册商标的情形日益普遍，但作品名称并非天然地具有识别商品来源的显著性，其首先是对作品主题和内容的高度概括。比如美国通行的商标注册实践认为，单个作品的名称不具备显著性，只有系列作品的名称才具有显著性，可以作为商标注册。参见：美国专利商标局. 美国商标审查指南 [M]. 北京：商务印书馆，2008：162. 当然，其也认可取得第二含义的单个作品名称可以依据《Lanham》法第43（a）条获得保护。

2. 虚假宣传

在涉及电影《黑楼孤魂》的不正当竞争纠纷案中❶，原告为电影《黑楼孤魂》编剧、导演，对剧本享有摄制权。其授权案外人拍摄同名电影，于 1989 年上映，获得广泛好评。被告于 2014 年公映的电影与原告剧本及电影均无关联，但在宣传中称该片翻拍自《黑楼孤魂》等。一审法院认为被告构成虚假宣传，二审法院维持："影视作品的翻拍通常指经原作品著作权人的许可，在原作基础上进行重新拍摄，翻拍作品与原作品在内容上具有承继关系或者关联关系。被告在不存在这种关系的情况下称其电影翻拍自原告电影，该宣传在相关公众中已经产生误导，可能影响原告许可他人翻拍的交易机会及经济价值，对被告作品的负面评价也可能对原告剧本产生不良影响。"

在涉及朱德庸《关于上班这点事》书名与北京电视台《上班这点事》电视节目名称的纠纷❷中，朱德庸的图书出版于 2005 年 4 月，第一章开篇引言部分写道："每天上班 8 小时这件事是本世纪人类生活史上的最大发明，也是最长的一出集体悲喜剧。你可以不上学、不上网、不上当，就是不能不上班。"北京电视台第五频道于 2008 年 1 月至 12 月播出了名为《上班这点事》的一档谈话类节目。除节目标题近似外，在宣传短片和海报上也包含了与上述引言相近似的内容。两审法院均认为不侵犯著作权，但关于是否构成虚假宣传，两审法院则有不同的结论。一审法院认为："书有一定的影响力，引言成为全书的标志性内容。相似部分构成节目宣传海报的主要内容，在宣传短

---

❶ 北京知识产权法院（2016）京 73 民终 156 号民事判决书。该案二审中亦引用了《反不正当竞争法》第 2 条，但主要论及对经营者的定义以及竞争关系，并不涉及本书意义上的一般条款适用。

❷ 北京市第一中级人民法院（2010）一中民终字第 12677 号民事判决书。

片中也占有较高比重,再加上书名与节目标题具有一定的相似性,误导相关公众认为该节目与书具有某种关联,构成引人误解的虚假宣传。"

二审法院则认为:"上述行为并不属于通过广告或者其他方法进行的虚假陈述,不构成虚假宣传。漫画作品和脱口秀节目的表达方式差别较大,不会导致误认。此外,任何人均可以对上班这一社会现象进行评论。朱德庸不能禁止他人就相同主题创作不同内容和形式的作品,否则对社会公共利益的妨碍过大。"

虚假宣传行为与前述的仿冒商业标识行为有一定的重合,使用他人有一定影响的商品名称也是对自己产品的内容或来源进行虚假陈述,所以属于广义上虚假宣传的一部分,因为反不正当竞争法对于仿冒商业标识有专门规定,故涉及商业标识的应适用仿冒条款,其他情形适用虚假宣传条款。如"黑楼孤魂"案中,被告的电影并未使用与原告电影名称相同或者近似的名称,故不涉及仿冒问题。而"上班这点事"案中,被告采用了相近似的节目名称,应当适用仿冒条款进行评价。二审法院关于"节目的宣传片等不构成宣传行为、相关公众不会误认书和电视节目之间存在关联"的认定均有不妥,但其关于"任何人均可以对上班这种社会现象进行评论"的理由,以及由于原告书名缺乏足够的独特性,"禁止他人使用类似名称创作不同作品,对公共利益损害过大"的结论是有道理的。按照其观点,即使主张知名商品特有名称,亦得不到支持。

3. 一般条款

在前述的"笔仙"案中,法院虽然未认定"笔仙"构成知名商品特有名称,但却基于该案特殊事实,适用一般条款给予了保护。法院认为:本案的特殊之处在于原被告的电影在片名及类型上存在一定程度的相似性。原告于 2012 年 7 月公映了《笔仙》、2013 年 7 月公映了《笔仙Ⅱ》且已获得一定的票房和知名度，并在《笔仙Ⅱ》首映时就宣布《笔仙Ⅲ》将于 2014 年 7 月 17 日上映。而被告却在 2012 年 6 月上映《笔仙惊魂》后并未拍摄上映《笔仙惊魂 2》的情况下，直接拍摄《笔仙惊魂 3》并抢先于 2014 年 4 月 4 日公映，且以"笔仙系列的升级之作"等进行宣传，容易造成相关公众混淆，是对原告商业优势的不正当利用，违反诚实信用原则和商业道德。

　　该案是典型的不涉及权益保护而仅涉及行为不正当性的案件。法院已经否认原告作品名称构成知名商品特有名称，被告有正当的权利拍摄《笔仙惊魂》系列电影，但其在原告宣布了原告系列电影之 3 公映时间的情况下，跳过自己的系列之 2 抢先公映 3，明显地具有利用原告电影系列的声誉、造成混淆的恶意，是典型的不正当竞争行为。而且，尽管法院同时认定被告构成虚假宣传，但被告并非仅在宣传时有误导性的陈述，还直接将电影命名为系列之 3，对该行为适用一般条款是合适的。但显然，该案适用一般条款完全基于被告的特定行为，并不是基于对原告作品名称的保护。对作品名称的保护一般并不需要适用一般条款。❶

---

　　❶ 实践中可能需要适用一般条款的还有涉及商品化权益的案件，即将他人作品名称作为自己商品的商标使用。实际的案例较少，前文所述的"阿童木"案其实属于此种情形，但该案中原告仅主张了侵犯著作权，而且仅针对被告使用"阿童木"字号的行为，未针对其在商品上使用阿童木商标的行为。涉及此类纠纷的案件更多发生在商标授权确权行政案件中，比如将"哈利波特""功夫熊猫"等作品名称申请为商标，法院逐渐将在先具有较高知名度的作品名称解释为"在先权益"，从而适用《商标法》第 32 条关于"侵犯他人合法在先权利"的规定，将相关商标注册予以驳回或者不予注册、予以无效宣告。最高人民法院 2017 年发布的《关于审

3.4.2 对人物及其他作品要素的保护

与作品名称相比，作品中的人物及其他要素是否能受到著作权法的保护是一个更复杂的问题。著作权法保护表达而不保护思想，作品中简单的人物名称、人物关系甚至人物性格，可能都无法构成足够有独创性的表达，而属于他人可以借鉴使用的"思想"的范畴。但是，人物是作品情节的基石，情节的推进经常表现为众多人物之间纷繁复杂的关系，人物性格也随着

（接上注）

理商标授权确权行政案件若干问题的规定》（法释〔2017〕2号）第22条认可了此种实践中的做法，该条规定了将作品名称、作品中的角色名称作为在先权益保护的几个条件：具有较高知名度、使用在相关商品上容易导致相关公众误认为其经过权利人许可或者与权利人存在特定联系、作品处于著作权保护期限内。学者将该条理解为"是对作品名称、角色名称的商品化权益的有名化"。参见：杜颖，赵乃馨. 缓行中的商品化权保护——《关于审理商标授权确权行政案件若干问题的规定》第22条第2款的解读［J］. 法律适用，2017（17）：2-8. 事实上，该司法解释中其他条款也涉及所谓商品化权益的内容，是采取了分别纳入现行法律的方式，比如第22条第1款规定，角色形象可以主张著作权，第20条规定，自然人姓名可按照姓名权进行保护。作品名称和角色名称是现行法无法涵盖的部分，而实践中又出现较多案例，问题比较集中和突出，故予以特别规定。有文章称司法解释承认商品化权益将会破坏现有法律已经确立的竞争规则，著作权法拒绝保护的情形，不适宜以反不正当竞争法或者商品化权益等理由重新纳入保护范围，否则将会替代或者推翻著作权法。参见：蒋利玮. 论商品化权的非正当性——兼评《最高人民法院关于审理商标授权确权行政案件若干问题的规定》第22条第2款［J］. 知识产权，2017（3）：29-36. 但从司法解释适用的情形来看，其只是禁止将在先作品名称作为商标使用在一定范围的商品上，其提供的保护与著作权法的复制权无法相提并论，并非是与著作权相同等的权利。并且还有"较高知名度""使用在相关商品上容易误导公众"等要件，应该说具有充分的"额外要件"区别于著作权法的保护，不会破坏或妨碍著作权法的立法政策实现。该文还认为，作品名称如果具有标识意义应按照知名商品特有名称获得保护。但知名商品特有名称的保护一般限于相同或类似商品，通常无法涵盖将作品名称使用在如服装等各类商品上的情形，况且，如前所述，由于著作权不保护作品名称，对于在书籍等相关作品上使用相同或类似的名称予以限制尤其需要慎重，反而是将作品名称用于普通商品一般不涉及对著作权法立法政策的冲击。

情节的展开而得到展现，如果人物与其他要素的结合足够具体，则可能构成"表达"而受到著作权法的保护，此时他人的使用构成侵权。在涉及对他人作品的使用问题上，使用他人作品中的人物及人物关系等元素是否构成对著作权的侵犯，如果不构成侵犯著作权，是否可能构成一般条款所称的不正当竞争，在近年来涉及"同人作品"❶以及游戏改编的纠纷中是经常被提出的问题。

1.《此间的少年》案

《此间的少年》是江南创作的一部校园小说，书中主人公的名字均取自金庸先生的武侠小说（如郭靖、黄蓉、乔峰、令狐冲等），部分人物性格及人物关系亦与金庸书中相同，但故事情节发生在现代的汴京大学，与金庸的武侠小说不同。2016年，金庸先生向广州市天河区人民法院提起诉讼，同时主张侵犯著作权和不正当竞争。

该案引发了很多对于同人作品的讨论，较多观点认为由于江南作品仅使用了人物姓名、简单的人物关系及性格，该部分要素不具有独创性，不构成实质性相似，故不构成侵犯著作权。但有一种观点认为，未经原作者授权即创作同人作品并商业发行的行为，主观上具有相当程度的恶意，未经允许使用原作品人物名称等元素有"搭便车"的嫌疑，且因此获得了依附于原作品价值而产生的额外价值。同人作品的创作客观上借用了原作品的智力成果，这种行为违反了诚实信用原则和公认商业道德。故"即使在著作权法层面可能较难认定为侵权，但是在不

---

❶ 一般认为，同人作品的概念来自于日本，是指使用既有作品中相同或近似的角色创作的新的作品，参见：王迁. 同人作品著作权侵权问题初探[J]. 中国版权，2017（3）：9-13.

正当竞争层面,金庸先生应该有相当大的胜算"。❶ 2018年8月16日,一审法院作出判决,亦持此种观点:虽然原告作品中的人物名称、人物关系等作品元素不构成具有独创性的表述,不能作为著作权的客体进行保护,但是其凝结了原告高度的智力劳动,具有较高的商业价值。被告利用这些原色创作新的作品,借助原告作品的市场号召力来提高自己作品的声誉,可以轻而易举地吸引到大量熟知原告作品的读者,客观上增强了自己的竞争优势,同时挤占了原告使用其作品元素发展新作品的市场空间,夺取了本该由原告所享有的商业利益。构成不正当竞争。❷

2. 《摸金校尉》著作权及不正当竞争案❸

上海玄霆娱乐信息科技有限公司从张牧野(笔名天下霸唱)处受让了《鬼吹灯》系列小说的著作权财产权,后张牧野另创作出《摸金校尉》一书,该书中大量使用了《鬼吹灯》系列小说的人物名称及人物形象、主要人物之间的关系以及盗墓的方法和规则等。一审法院认为:涉案作品中的人物形象等要素从著作权法角度来说不属于"表达",不能依据著作权法受到保护。但是,法院认为,著作权法不予保护,并不意味着其他主体可以任意使用上述人物形象等要素:《鬼吹灯》系列小说中的主要人物形象、盗墓规矩、禁忌等贯穿了该系列小说,对该系列小说有标识性作用。作者对这些要素的创作付出了较多心

---

❶ 邱政谈,孙黎卿,翁才林. 金庸诉江南——同人作品侵权谈 [EB/OL]. 微信公众号"知产力", [2016-12-1].

❷ 广东省广州市天河区人民法院(2016)粤0106民初12068号民事判决书,该案目前正在二审过程中。

❸ 上海市浦东新区人民法院(2015)浦民三(知)初字第838号民事判决书,该案尚在二审过程中。

血。在读者群体中，上述要素与作品之间已经建立了较为稳定的联系，具备了指代和识别功能，该功能使上述要素与一般的著作权保护客体具有了明显区别。上述要素具备较高的商业市场价值。由于借助了上述要素的市场号召力与吸引力，新作品获得了竞争优势。

该案中，由于在后使用人是原小说作者，法院认定其使用在不违反合同的情况下，不构成不正当竞争。但上述理由显然表明，如果被告并非原作者的话，结论可能不同。

该两案均为正在审理中的案件，本书无意对案件本身进行讨论，但两案中提出的如下问题值得关注：当人物名称、人物关系等作品元素已被认定不是受著作权法保护的"表达"之后，他人使用上述元素创作新的作品是否还可依据反不正当竞争法一般条款认定构成不正当竞争？根据前文所述的一般条款与著作权法的适用关系，对于著作权法的保护对象，一般条款不能提供与著作权法同等的保护，对于著作权法意图放入公有领域的对象，一般条款不能再提供补充保护。此处的关键问题是判断著作权法不保护相关的人物名称、关系等要素，是否意图将其放入公有领域。思想与表达二分法是著作权法的基本原则，但其判断却难以有事先、统一的标准，而往往是在案件发生后、法院认定是否侵权时才能划分出来哪些属于应受保护的"表达"，哪些又属于不受保护的"思想"，故美国学者 Goldstein 认为，"思想"与"表达"只是作品中"不受保护元素"和"受保护元素"的比喻。❶ 如果法院已经进行过此种判断，认为人物名称、关系等作品元素属于作品中不受保护的部分，他人作品中对相关元素的使用当然应该属于不侵权的合法使用。即便不能绝

---

❶ Paul Goldstein. Goldstein on Copyright [M]. 3rd ed. Wolters Kluwer, 2007.

第3章 智力成果保护中反不正当竞争法一般条款的适用 | 113

对认为著作权法将该部分作品元素放入了公有领域,至少就使用该元素创作作品这一特定情形而言,著作权法的态度是明确的。虽然如前文所称,反不正当竞争法可以对著作权法不保护的对象提供与著作权性质不同的保护,比如,基于防止混淆的标识意义上的保护,但是,在被告是利用作品元素创作新的作品的特定情况下,著作权法的判断正是针对该特定情况,此处不应再有反不正当竞争法一般条款的适用空间。这与前文中关于作品名称一定情况下可以作为"有一定影响的商品名称"受到保护的情形不同(该保护本身也应有严格的条件限制),后者情形下,被告的使用是在标识意义上使用了作品名称,而以在先作品中的人物名称等作品元素创作新的作品,很难认为是在标识意义上使用了这些元素❶。况且,即使要对在后作者施加一定的义务,也只能是要求其以适当方式表明其与在先作品及作者没有关系,而非禁止其使用这些作品元素。❷

总之,如果人物名称、人物关系等具有足够的细节以构成

---

❶ 在这个方面,如"摸金校尉"案中的情形,在先作品著作财产权的受让人要想实现对作品人物等相关元素的保护,应该在与原作者的合同中明确约定,毕竟原作者继续创作包含原有作品元素的新作品对其影响力最大。而其他人的使用,如果规范注明作者,妥当进行说明,足以与在先作品清楚区分。

❷ 当然,"摸金校尉"案中一审法院也未得出在后作品的使用必然构成不正当竞争的结论,而是提出了如下判断原则:新作品创作时对原作人物形象等要素的使用应当遵循行业规范,对这一使用行为的法律调整要考虑使用人的身份、使用的目的、原作的性质、使用对原作市场的潜在影响等因素,一方面应充分尊重原作的正当权益,另一方面也要保障创作和评论的自由,从而促进文化传播,推动文化繁荣。但本书的观点是在认定不侵犯著作权之后,根本无需再考虑不正当竞争的问题。况且,上述原则对于判断是否构成著作权侵权同样是重要的考虑因素。如果与作品名称的情形相对比,对于有意与他人在先作品名称造成混淆的被告来说,要求其明确标注与原作者及原作品无关,事实上与禁止其使用名称的效果基本类似,而对使用作品元素的情况,二者的效果则显然不同。这也是本书虽然认为对作品名称给予未注册商标保护应严格限制,但符合特定条件时亦可,而对作品人物等要素则认为应一律不再考虑反不正当竞争法一般条款保护的原因之一。

"表达",自可以受著作权法的保护,但如果法院认为其不足以构成受著作权法保护的"表达",他人使用相似元素创作作品即属于合法行为,既不侵犯著作权,也无需适用反不正当竞争法一般条款再去衡量,更不能仅由于"原作知名度高""搭便车"等理由便轻松得出"违反诚实信用原则和商业道德"的结论。❶

3.《四大名捕》改编权案

如"摸金校尉"案一审法院所做,法院通常较少认定人物名称、形象、人物关系等构成"表达",但在涉及《四大名捕》改编权纠纷中❷,原告主张被告开发经营的"大掌门"游戏使用了"诸葛先生""无情""铁手""追命""冷血"5个人物及对应的人物名称、人物关系、面貌特征、身世背景、性格特点、武功套路等,侵犯其《四大名捕》系列小说人物的改编权。法院予以支持:"五个人物是四大名捕系列小说中贯穿始终的灵魂人物,他们不只是简单的人物名称,五个人物从身世背景、外貌特征到武功套路以及性格特点等均经过精心的设计和安排,这五个人物是温瑞安系列小说中独创性程度较高的部分,构成

---

❶ 有美国学者甚至认为,根据美国宪法知识产权条款,国会仅有权对具有独创性的作品赋予一定期限的专有权保护,该条款不仅是在积极意义上对国会的授权,还包含了消极权利,即公众有权自由利用那些不符合独创性要求的部分,后者对国会制定法律的权力构成限制,国会不但无权根据知识产权条款对非独创性的事实等立法赋予类似版权的权利,也无权根据宪法中的条款,比如商业条款制定这样的法律。参见: William Partry. The Enumerated Powers Doctrine and Intellectual Property: An Imminent Constitutional Collision [J]. The George Washington Law Review, 1999, 67. 该文主要是反对美国国会对不具有独创性的数据库专门立法给予保护,根据该思路,法院自然也不能依据所谓一般条款对不具有独创性的部分给予保护。

❷ (2015) 海民(知) 初字第32202号温瑞安诉北京玩蟹科技有限公司侵害作品改编权及不正当竞争纠纷案民事判决书,该案一审生效。该案亦涉及不正当竞争案由,系原告主张被告使用"四大神捕"构成对"四大名捕"的仿冒,法院未支持该请求,认为被告在卡牌中的标注属于对人物身份所做的描述,仍然是对作品内容的使用,属于侵犯改编权的范畴。

四大名捕系列小说的基石。温瑞安不但对其系列小说整体享有著作权,对小说中的独创性表达部分亦应享有著作权。"

该案一定程度上体现出法院在人物名称等作品元素是否构成受著作权法保护的表达问题上态度更加开放,在这一背景下,对于被认定为不构成"表达"的作品元素,更加不能允许再适用反不正当竞争法一般条款来给予同等性质的保护。

小　结

在较有影响的两种知识产权尤其是智力成果权正当性理论中,功利主义论更符合目前制定法的规定实践,以"促进社会科技和文化进步"为制度目标,更有利于划定知识产权保护的界限,维护和扩大公有领域。对于知识产权法不予保护的对象,反不正当竞争法一般条款给予补充保护时必须考虑知识产权法不予保护的原因,不能与知识产权法的立法政策和制度目标相冲突。劳动理论虽然具有天然的道德吸引力,但未对人类社会其他重要价值给予充分考虑。美国法下关于州反不正当竞争法提供的盗用保护何时被联邦知识产权法先占的相关讨论启示我们,反不正当竞争法一般条款不应对专利法和版权法的保护对象提供与其同等的保护,是否"同等"可以参考"额外要件"的标准来判断,即在侵犯专有权的要件之外是否还需要其他额外要件。借助于"保护对象"和"同等权利"两个条件,判断是否违反知识产权法立法政策有了具体化的依据。判断中的价值取向是有利于实现专利法和版权法"促进科技文化进步"的立法政策,立法意图有模糊之处的,倾向于不保护。在此原则下,对于可根据著作权法得到保护的对象,无需再援引反不正当竞争法一般条款给予相同性质的保护;不符合著作权法的保护条件或者超过著作权保护期的，更不得依据反不正当竞争法一般条款提供同等性质的保护。对于通过对著作权法保护对象的概念进行适当扩充解释即可涵盖的对象，根据反不正当一般条款提供的保护又与著作权法类似，倾向于仍然采用著作权法的保护。对于著作权法不能保护的作品名称等，反不正当竞争法给予保护应有严格条件限制，而对作品人物等其他作品要素，如果不构成受著作权法保护的表达，他人使用相同元素创作作品不侵犯著作权，也不需再考虑反不正当竞争法一般条款的适用。

第 4 章
商业标识保护中反不正当竞争法一般条款的适用

在传统的三部主要的知识产权法中,商标法与反不正当竞争法的关系更为密切。商标法通常被视为反不正当竞争法的一部分,在英美国家,"不正当竞争"最初指的就是"仿冒"。巴黎公约列举了仿冒(混淆)、诋毁和误导三种不正当竞争行为,直至今天,仿冒仍然是最典型的不正当竞争行为之一。与专利法及版权法不同,商标法并不要求商标标识本身具有独创性或者创造性,故商标法的保护通常与所谓的"劳动"等道德正当性无关,其基础在于由于商标所有人将某标识使用于其产品上,使得该标识表明了商品的来源,消费者可以借此方便地选择商品,降低搜寻成本,而生产者也可以凭借其标识继续吸引对其商品或服务感到满意的消费者,使其付出得到回报。商标法的目的并不在于促进新作品或者新发明的产生,而是在于防止混淆。正如 McCarthy 教授所说,商标法与专利法和版权法的区别,正与其相同点一样重要。[1] 美国法院一贯强调,商标并不是像专利和版权那样的"整体财产"(property in gross)。[2] 随着商标在经济生活中重要性的日益提高,混淆可能性的概念逐渐扩展,商标权的保护范围也逐步扩大,但即便如此,防止混淆仍然是商标法保护的基石,部分"将商标本身视为财产"的倾向受到

---

[1][2] McCarthy J. Thomes. McCarthy on Trademarks and Unfair Competition [M]. 4th ed. Westlaw. © 2012 Thomson Reuters.

了学者严重的警告。❶ 总体说来,商标法对商标提供的保护,与反不正当竞争法对其他商业标识提供的保护,保护基础是相同的,二者更多是保护途径和保护程度的不同,故对商标法未给予保护的其他商业标识,反不正当竞争法可以提供以防止混淆为基础的保护,而不必顾虑会与商标法产生立法政策上的冲突。但这并不意味着任何情况下反不正当竞争法一般条款的保护都不会与商标法的立法政策相冲突。与前述的一般条款与智力成果权的关系相似,形式上,反不正当竞争法一般条款对于商标法的保护对象不能也没有必要再进行保护,实质上,对于商标法已经明确他人可以自由使用的情形,不应再适用反不正当竞争法一般条款加以限制。❷ 正如德国最高法院所认为,由于商标法对"不当榨取他人知名商标商誉"问题已有详尽规范,不可再引用反不正当竞争法一般条款,除非商标法失灵。所谓失灵,不是指因欠缺商标法的构成要件而无法发生法律效果,而是指商标法对特定的利益冲突完全欠缺规范。❸

---

❶ Mark A. Lemley. The Modern Lanham Act and The Death of Common SenseYale Law Journal, 1999, 108: 1687-1710.

❷ 有观点认为,商标注册制度是商标法独立于反不正当竞争法的根源,商标作为财产进行流通的需求超出反不正当竞争法的能力范围,存在不属于不正当竞争的商标侵权行为(如侵犯未使用的注册商标权),故二者属于一般法律竞合关系,应由当事人选择适用,商标法的规定不能排斥一般条款的适用。参见:刘丽娟.论知识产权法与反不正当竞争法的适用关系[J].知识产权,2012(1):27-35.如本书所论述,二者并非可以由当事人自由选择的一般法律竞合关系,二者之间不存在立法政策上的冲突,更多体现在对于反不正当竞争法保护对象的开放性上,而正是由于反不正当竞争法与商标法的保护实质上性质相同,所以对于商标法已经调整的对象,反不正当竞争法没有必要也不能再进行调整。如1993年《反不正当竞争法》曾在仿冒条款中规定了对注册商标的仿冒,一直被诟病,2017年修订后的法律已经取消。

❸ 刘孔中.解构知识产权法及其与竞争法的冲突与调和[M].北京:中国法制出版社,2015:14-15.

如前所述，实践中适用反不正当竞争法一般条款的案件多数与商标及其他标识有关，本书一方面对目前我国法律体系中关于商标等商业标识保护的相关规定进行梳理，从体系化的角度提出完善建议，比如可增加列举性规定，减少一般条款的适用；另一方面探讨对于注册商标而言，商标法与反不正当竞争法的保护应该如何区分。

4.1　我国现行法下商业标识保护的制度体系

4.1.1　制度现状

1. 注册商标

我国现行法下所称的侵犯商标权，基本是指对于注册商标的侵权，法律依据包括 2013 年第 3 次修正的《商标法》第 57 条和 2014 年《中华人民共和国商标法实施条例》（以下简称《商标法实施条例》）第 76 条，最高人民法院在 2001 年修正的商标法下颁布的法释〔2002〕32 号《关于审理商标民事纠纷案件适用法律若干问题的规定》（以下简称《商标民事司法解释》）尚未有新的司法解释替代，故其第 1 条的规定也仍然是认定侵犯商标权的法律依据。具体包括如下行为：（1）未经商标权人许可，在相同商品上使用相同商标；（2）未经商标权人许可，在相同商品上使用近似商标，或者在类似商品上使用相同商标，或者在类似商品上使用近似商标，并且容易导致混淆；（3）销售侵犯商标权的商品；（4）伪造、擅自制造注册商标标识，或者销售伪造、擅自制造的注册商标标识；（5）未经商标权人同意，更换其注册商标并将该更换商标的商品又投入市场；（6）故意为侵犯他人商标权的行为提供便利条件，帮助他人实施侵权行为；(7) 在相同或者类似商品上将与他人注册商标相同或者近似的标志作为商品名称或者商品装潢使用，误导公众；(8) 将与他人注册商标相同或者近似的文字作为企业的字号在相同或者类似商品上突出使用，容易使相关公众产生误认；(9) 复制、摹仿、翻译他人注册的驰名商标或其主要部分在不相同或者不相类似商品上作为商标使用，误导公众，致使该驰名商标注册人的利益可能受到损害；(10) 将与他人注册商标相同或者相近似的文字注册为域名，并且通过该域名进行相关商品交易的电子商务，容易使相关公众产生误认；(11) 给他人的注册商标专用权造成其他损害。

2. 未注册商标

商标法中对未注册商标的保护主要体现在有关"未注册驰名商标"以及"在先使用并有一定影响的商标"的规定中。第13条第2款和第32条均是从商标申请注册的角度，分别规定他人申请商标不得在相同或者类似商品上复制、摹仿、翻译他人未注册的驰名商标，不得以不正当手段抢先注册他人在先使用并有一定影响的商标。商标法未从积极方面规定未注册商标的使用人可以在民事诉讼中主张他人侵权，仅是2013年修正的《商标法》第59条第3款新增加了"在先使用并有一定影响的商标"享有一定程度上的先用权抗辩的规定。商标民事司法解释规定，复制、摹仿、翻译他人未注册驰名商标，容易导致混淆的，应承担停止侵害的民事法律责任。司法解释该条规定对应于《商标法》第13条第2款所称的停止使用，但并未将该行为明确规定为"侵权行为"。

3. 其他商业标识

新修改的《反不正当竞争法》第6条是所谓的"仿冒条款"，该条规定：经营者不得擅自使用他人商业标识，实施"足

第4章 商业标识保护中反不正当竞争法一般条款的适用 | 121

以引人误认为是他人商品或者与他人存在特定联系的混淆行为",所列举的标识包括:有一定影响的商品名称、包装、装潢;有一定影响的企业名称(包括简称、字号等)、社会组织名称(包括简称等)、姓名(包括笔名、艺名、译名等);有一定影响的域名主体部分、网站名称、网页等。该条规定取代了1993年《反不正当竞争法》第5条所规定的"知名商品特有名称、包装、装潢"以及"企业名称和姓名",并吸收了司法解释和司法实践中对相关概念的扩展,将字号❶、企业名称简称❷、笔名❸等包含在内,并增加了域名、网站名称等,另有兜底规定可以涵盖其他类型的商业标识。

4.1.2 存在的问题及其解决方案

从前述对目前关于商业标识的法律框架的梳理情况,可以看出目前的制度框架中存在的问题,而问题一旦明确,解决方案也就呼之欲出了。

1. 术语的不协调

虽然2017年修订的《反不正当竞争法》以"有一定影响的商品名称、包装、装潢"代替了1993年法律中"知名商品特有

---

❶ 《最高人民法院关于审理不正当竞争民事案件应用法律若干问题的解释》(法释〔2007〕2号)(以下简称《不正当竞争司法解释》)第6条:具有一定的市场知名度、为相关公众所知悉的企业名称中的字号,可以认定为《反不正当竞争法》第5条第(三)项规定的"企业名称"。

❷ 最高人民法院(2008)民申字第758号"山起"案,明确了符合一定条件的企业名称简称可以受到保护。《最高人民法院关于审理商标授权确权行政案件若干问题的规定》(法释〔2017〕2号)第21条第2款对企业名称简称的保护的条件规定为:具有一定市场知名度并已与企业建立稳定对应关系。

❸ 《不正当竞争司法解释》第6条:具有一定的市场知名度、为相关公众所知悉的自然人的笔名、艺名等,可以认定为《反不正当竞争法》第5条第(三)项规定的"姓名"。

名称包装装潢"的称谓❶，已经与商标法上中"在先使用并有一定影响的商标"有了一定的呼应，减轻了术语方面的问题，但仍然如商标法实施条例一样，将"商品名称、包装、装潢"与"商标"分别使用，容易导致"未注册商标"与"未注册的商品名称"是两个不同事物的误解。其实所谓的商品名称、包装、装潢均是识别来源的标识，本质上均为未注册商标。

2. 保护程度上的不协调

正是由于使用了不同的术语，似乎上述概念之间相互没有关系，导致商标法和反不正当竞争法分别为其设置的保护程度之间存在冲突。如前所述，《商标民事司法解释》第2条规定，在相同或者类似商品上使用他人未注册驰名商标的，应停止侵害，未规定可以赔偿损失。但根据反不正当竞争法，擅自使用他人有一定影响的商品名称（知名商品特有名称）的，则既可能需要停止使用，又需要赔偿损失。不论从法律用语还是从实践中的掌握来看，未注册驰名商标的知名度要求均高于有一定影响的商品名称，但保护水平却更低，这也导致实践中主张未注册驰名商标的案件极少。❷

《商标法实施条例》第76条规定直接体现了将商品名称、包装装潢与商标相区分造成的困扰。该条规定，将他人商标作为商品名称或者包装装潢使用，适用《商标法》第57条第

---

❶ 谢晓尧教授对此用语进行了严厉的批判，称应是"名称知名"而非"商品知名"，称该用语为"一地鸡毛"，语言难以领会，边界不可捉摸。参见：谢晓尧. 在经验与制度之间：不正当竞争司法案例类型化研究 [M]. 北京：法律出版社，2010：218-240.

❷ 不仅在民事案件中如此，在商标授权确权行政案件中同样如此。未注册驰名商标和在先使用并有一定影响的商标，所能禁止的均是他人在相同或类似商品上的商标注册，故也少有人主张未注册驰名商标，除非超过了五年宣告无效的期间。但这一优势对民事案件没有意义。

（二）项判断是否构成侵权，即"相同商标使用在类似商品上或者近似商标使用在相同或类似商品上容易引起混淆"的情形。在原被告双方的商品和所使用标识均相同的情况下，如果将被告使用的标识视为商标，则应适用《商标法》第57条第（一）项；而如果将其视为商品名称或装潢，则只能将其视为第（二）项的情形。此种区别毫无意义，徒增混乱。事实上该条完全可以被《商标法》第57条第（一）（二）项所涵盖，没有单独规定的必要。

3. 是否适用商标法对商标标志的要求的疑问

根据《不正当竞争司法解释》第2条的规定，反不正当竞争法所称的"特有名称"等是指具有区别商品来源的显著特征的商品名称等，通用名称、描述性名称以及功能性的商品形状等不能被认定为特有名称。该条将商标法对于商标标志显著性的要求同样规定于知名商品特有名称等，表明了其本质上就是未注册商标。但是，商标法对于商标标志除有显著性和功能性的要求之外，还有《商标法》第10条关于不得有欺骗性、不得具有其他不良影响等要求，这些要求是否同样适用于知名商品特有名称会产生不同的理解。如果明确其均属于未注册商标，适用商标法中对于商标标志的要求就是题中应有之义，无需专门加以规定。❶

4. 知名商品特有名称保护是否限于类似商品的疑问

商标法对未注册驰名商标的保护限于相同或者类似商品，对于知名度尚低于其未注册商品名称，自然也不应扩展至非类

---

❶ 司法实践中经常有商标权人在主张商标权之后，对同一标识再主张"知名商品特有名称"，如"星河湾"案件中，"星河湾"是原告的注册商标，原告开发的楼盘也以"星河湾"命名，原告主张被告侵犯其"星河湾"商标权，同时侵犯其"星

似商品。从体系化的角度考虑，这本应是十分清楚的答案。但是在"大湖"包装装潢纠纷中，天津一家日用化学品公司在洗发水上使用与大湖饮料酷似的包装装潢，国家工商行政管理局针对该案所做的答复❶认为，对知名商品特有名称、包装、装潢进行仿冒，一般均发生在相同或类似商品上，但是，如果在非类似商品上的使用也足以造成混淆误认的，同样构成仿冒他人知名商品特有名称、包装、装潢的不正当竞争行为，因为其违反了第2条所规定的市场竞争原则。如前所述，商标法与反不正当竞争法对商业标识的保护虽然不存在立法政策上的冲突，但正因其性质基本相同，更应考虑整个保护体系的协调性。商标法对于已注册驰名商标和未注册驰名商标的保护水平做了清晰的划分，表明了立法者将未注册驰名商标的保护力度限于相同或类似商品的态度，此一明确态度亦应约束反不正当竞争法对商业标识提供的保护，"竞争法保护不同于权益保护的特点"❷并不足以使其可以无视商标法对商业标识划定的"保护层级"，通过对一般条款的解释来扩张具体条款的保护，亦需遵守整体

（接上注）

河湾""知名商品特有名称"。法院判决认为：原告已经主张了注册商标专用权的保护，不应再主张性质上等同于未注册商标的知名商品特有名称的保护。参见：最高人民法院（2013）民提字第136号民事判决书。如果明确所谓的知名商品特有名称就是未注册商标，也许可以减少此类主张。

❶《关于在非相同非类似商品上擅自将他人知名商品特有的名称、包装、装潢作相同或者近似使用的定性处理问题的答复》（工商公字〔1998〕第267号）。

❷ 孔祥俊. 反不正当竞争法的创新性适用 [M]. 北京：中国法制出版社，2014：244-246. 作者之前亦认为应遵循商标法与反不正当竞争法之间的体系解释，不宜允许未注册商标的跨类保护。但该书认为从不正当竞争的角度，可允许适当的灵活性，为制止不正当竞争行为另辟蹊径。在最新的文章中，该作者的观点又有了进一步的发展，认为只要混淆性仿冒行为达到妨碍竞争秩序的程度，即应予以规范。

解释和体系解释的原则。❶

5. 未明确的商标与字号等权利冲突问题

新修改的《反不正当竞争法》第6条第（四）项规定了兜底的"其他混淆行为"，从该条的行文逻辑来看，似乎应指由于使用前三项列举之外的其他商业标识导致的混淆，是否能够包含注册商标与其他商业标识冲突的情形，如将他人商标用作企业名称或域名等，从条文本身来看有一定的疑问。但从立法者的解释来看，似乎该项兜底的范围不限于其他类型的商业标识，而是所有其他形式的混淆行为：有意见提出实践中还存在其他形式的混淆行为，建议增加兜底条款，以防挂一漏万。❷ 司法实践中会如何适用第（四）项尚有待观察。如前所述，侵犯商标权行为中的第（八）（十）项分别涉及将他人商标用作字号并突出使用、用作域名并从事相同或类似产品的电子商务❸的情形，而仅仅将他人商标用作字号或者注册为域名，却未突出使用、未提供相关商品或服务的行为，并不构成对商标权的侵犯，

（接上注）
这正体现了反不正当竞争法不同于权利保护法的特点，其保护立足于行为正当性，因而无需受注册商标权利保护式思维的限制。孔祥俊. 论反不正当竞争法的竞争法取向 [J]. 法学评论，2017（5）：18-31.

❶ 如学者所言，体系化的重要作用之一即"约束功能"，法律概念与原则作为有序的整体，对立法者和司法者具有约束作用，其不可任意更动。参见：李琛. 论知识产权法的体系化 [M]. 北京：北京大学出版社，2005：22-24.

❷ 全国人大法律委员会《关于中华人民共和国反不正当竞争法（修订草案三次审议稿）修改意见的报告》；转引自：孔祥俊. 新修订反不正当竞争法释评（下）[EB/OL]. 微信公众号"上海交大知识产权与竞争法研究院"，[2017-11-5].

❸ 《最高人民法院关于审理涉及计算机网络域名民事纠纷案件适用法律若干问题的解释》（法释〔2001〕24号）第4条规定，注册或使用与他人商标相同或近似的域名，可能构成侵权或者不正当竞争。而在后的《商标民事司法解释》第1条规定，注册与注册商标相同或近似的域名，并从事相关商品的电子商务，造成相关公

但可能构成不正当竞争。❶ 由于没有具体的条文可以援引，在 1993 年《反不正当竞争法》下只能以一般条款作为法律依据，尤其是将他人具有较高知名度的商标作为字号的情形，是实践中频繁适用反不正当竞争法一般条款的案件类型。❷ 如果按照立法者对 2017 年《反不正当竞争法》第 6 条第（四）项的解释，应该可以包含此种情形。适用该条款虽然可以减少对一般条款的适用，但仍是以兜底条款的方式通过解释以进行涵盖，而对于这种已有大量成熟稳定实践的类型，正是可以直接提炼出具体规则，在法律修改时予以明确的情形。❸

4.2　商标侵权还是不正当竞争：以竞价排名纠纷为例

商标法与反不正当竞争法均对商业标识提供保护，反不正

（接上注）

众误认的，构成侵犯商标权。二者结合起来，合理的推论应是：如果仅注册了域名而未提供相关商品或服务，可能构成不正当竞争。

❶　《最高人民法院关于当前经济形势下知识产权审判服务大局若干问题的意见》（法发〔2009〕23 号）规定：企业名称未突出使用但其使用足以产生市场混淆、违反公平竞争的，依法按照不正当竞争处理。因企业名称不正当使用他人具有较高知名度的注册商标，不论是否突出使用均难以避免产生市场混淆的，应当根据当事人的请求判决停止使用或者变更该企业名称。

❷　2013 年修正的《商标法》第 58 条规定：将他人注册商标、未注册的驰名商标作为企业名称中的字号使用，误导公众，构成不正当竞争行为的，依照《中华人民共和国反不正当竞争法》处理。由于司法实践中对于商标与字号的冲突已经形成了成熟的处理方式，该条作为指引性的规范，所指向的反不正当竞争法中又缺乏相应的明确规定，意义有限，在立法技术上将"注册商标"与"未注册驰名商标"并列也存在问题。

❸　当然，此处仅从现行法规定以及实践做法角度讨论此问题，关于区分"突出使用企业名称中的字号容易造成混淆构成侵犯商标权""未突出使用亦容易造成混淆构成不正当竞争"的理由，一定程度上与将企业名称中的使用视为"不是商标性使用"有关，该理由是否充分，该区分是否有必要，下文还会论及。

当竞争法对商标法的补充作用通常体现在对商标法未予保护的标识的保护，而对于商标法已经提供完善保护的注册商标，反不正当竞争法是否还有必要或者有可能进行补充，如前述德国最高法院所述，取决于商标法是否存在"失灵"，即对该情形完全未予规范。本书以司法实践中对竞价排名纠纷的不同处理方式为例，探讨这一问题。

4.2.1 司法实践中处理竞价排名纠纷的不同路径

按照百度百科的解释，关键词广告是指用户利用某一关键词进行检索时，搜索引擎会在结果页面显示与该关键词相关的内容。竞价排名是关键词搜索的一种，是指企业自行注册属于自己的"关键词"，用户搜索该关键词时企业网站或网页信息即出现在搜索结果页面，搜索结果排名或在页面中出现的位置根据出价高低排列。如果经营者将他人的注册商标等标识设置为搜索关键词，就可能引起侵犯商标权或者不正当竞争的纠纷。有些案件中将搜索引擎服务商也作为被告，但法院较少认定搜索引擎服务商应承担责任，该问题不是本书的关注对象，本书仅探讨设置关键词的经营者的责任问题。司法实践中对该问题的观点，大致可以分为如下 4 种。

1. 将他人商标用作搜索关键词构成商标使用，侵犯商标权

"梅斯泰克案"中❶，法院认为：是否属于商标性使用，要看这种使用行为是否用于商业目的，并能使一般消费者产生商品或者服务来源的认知。通常情况下，输入"梅思泰克"关键词进行搜索的用户，往往是对"梅思泰克"商标所标识的产品或者服务有一定认识的消费者。由于被诉侵权行为的存在，上

---

❶ （2011）苏知民终字第 0033 号民事判决书。

述用户访问了被告公司的网站,从而增加被告公司交易机会。被告公司以商业性目的利用梅思泰克商标的声誉来吸引消费者对其网站的访问,被控侵权行为构成商标性使用。

被告公司通过竞价排名将"梅思泰克"设定为其关键词,搜索结果排在第一位的是被告公司的网站及其产品,客观上会使搜索用户认为被告公司与"梅思泰克"存在某种联系,因而产生误解,引起混淆,从而进入被告公司的网站。被告公司的行为主观上具有利用"梅思泰克"商标、商誉的故意,客观上增加了"梅思泰克"潜在客户访问其网站和产品的机会,导致梅思泰克公司客户的流失,损害了梅思泰克公司的商业利益。

2. 在链接标题及网页描述中的使用侵犯商标权,设置搜索关键词本身构成不正当竞争

一些案件中将设置搜索关键词的行为与在"链接标题"和"链接描述"中的使用进行区分,认为前者并非商标性使用,故不构成商标侵权,但可能构成不正当竞争;后者则一般认定构成侵犯商标权。

如在"鲍尔浦案"中,一二审法院均认为:被告未能举证证明其与涉案商标存在关联关系或其使用文字"鲍尔浦"具有正当理由,却将"鲍尔浦"用作其百度推广链接的标题及网页描述,该行为实质上系将涉案商标的显著识别文字用于标示、宣传其经营类似产品的公司网站,以达到混淆商品来源,凭藉他人商标标识、商誉销售其相关产品之目的,构成商标性使用行为。被告未经许可在类似商品上使用与涉案商标相近似的商标,容易导致相关公众混淆,侵犯商标权。

该案一审法院另认定:被告使用与其无关的关键词"鲍尔浦"参与竞价排名,搜索该关键词后出现的第(一)项搜索结果即为被告公司网站,而商标权利人网站链接却位列其后。该

行为将吸引欲通过百度搜索引擎搜寻原告公司或原告品牌产品的相关公众进入被告公司网站进行交易，故被告不正当地利用他人权利占据竞争优势，夺取本属于原告的竞争机会，减少了原告就相应交易机会可获得的经济利益，主观过错明显，亦存在侵权后果，违反了市场经营主体应秉持的诚实信用原则，扰乱了公平竞争的市场秩序，违背公认的商业道德，搭他人便车，构成不正当竞争。

由于被告上诉未对该部分认定提出主张，二审对该问题未予评述，维持了一审关于侵犯商标权以及虚假宣传的认定。❶

在"映美案"中，原告就相同行为分别提起了商标侵权诉讼和不正当竞争诉讼。有关商标侵权案件中，法院认为：设置关键词的使用行为系后台使用，在相关搜索结果及网页中均不包含原告商标的情况下，相关公众看到搜索结果及相关网页并不会认为与原告有关，不具有混淆的可能性，不侵犯商标权。❷

在相关联的不正当竞争案件中，则认为：经营者不得使用他人商标为自己增加商业机会属于公认的商业道德。涉案两商标标识"映美"与"Jolimark"均系臆造词，在无相反证据证明其具有其他含义的情况下，可基本认定搜索用户使用涉案两商标进行搜索的目的在于搜索原告的产品或相关信息。但被诉行为的存在使得搜索用户在看到原告产品或信息之前，便会在搜索结果顶部看到被告的相关推广信息。尽管在推广结果链接标题内并未包括涉案商标，但不可否认的是，必然会有部分用户看到该搜索结果后点击链接进入被告网站浏览，而在该部分用户中，亦极有可能有部分用户因而成为被告公司的用户。这一情形充分说明，虽然并无混淆发生，亦并未影响自然搜索结果，

---

❶ 北京知识产权法院（2016）京73民终69号民事判决书。
❷ 北京知识产权法院（2015）京知民终字第1752号民事判决书。

但被诉行为对于原告商业机会的掠夺是勿庸置疑的。❶

上述观点中，一般以违反一般条款来认定构成不正当竞争，但亦有一种观点认为相关行为应作为虚假宣传进行规范。❷

3. 不会造成混淆，不侵犯商标权，但构成不正当竞争

在"53kf案"中，一审法院认为：虽然被告的链接文字具有很强的比较性，且链接指向其自身的产品，但原告公司网页及其产品链接也在搜索结果页面靠前位置展示，二者差别明显，不会引起混淆，不侵犯商标权。但是被告未经许可使用原告有一定知名度的商标，增加了自身产品的展现量，取得了商业利益并攫取了原告的部分合法商业利益，主观恶意明显，有悖于诚实信用原则和商业道德，构成不正当竞争。该案在认定不会导致混淆的情况下认定构成不正当竞争显然存在问题，二审法院对此也进行了纠正，认为容易导致混淆，侵犯商标权。❸

当然，有时法院认定构成不正当竞争，仅仅是由于原告并未主张侵犯商标权，而非基于对商标侵权和不正当竞争的本质

---

❶ 北京知识产权法院（2015）京知民终字第1753号民事判决书。

❷ 如竞价排名案件中，若仅选取商业标识中的文字作为关键词，或者只是在搜索结果的链接名称和页面描述中使用，尚不构成标识意义上的使用行为，可以认定为虚假宣传。参见：曹丽萍，张璇. 网络不正当竞争纠纷相关问题研究——《反不正当竞争法》类型化条款与一般条款适用难点探析［J］. 法律适用，2017（1）：16-22.

❸ 二审法院认为，被告在推广链接的链接标题和链接描述中直接使用前述关键词，消费者浏览搜索结果页面时可以显而易见地注意到各关键词。其在相同服务类别上使用了相同或近似的商标，容易导致混淆，侵犯原告的商标权。参见：（2016）浙01民终5963号民事判决书。

进行区分而做出的不同选择。❶

4. 不侵犯商标权，亦不构成不正当竞争

在少数案例中，法院认定将与他人商标相关的文字设置为搜索关键词，并不会造成相关公众的混淆，亦未达到违反诚实信用原则和商业道德的程度，不构成不正当竞争。如"慧鱼案"中❷，法院认为：

将相关文字设置为推广关键词不属于商标性使用，不损害商标的识别功能及广告宣传功能，不侵犯商标权。

网络用户使用某一商标作为搜索的关键词，不应认为其目的一定是要寻找与该商标尤其是商标所有人相关的信息。商标权人的网页或广告通常会出现在自然搜索结果中的靠前位置。他人将该商标设置为关键词的行为对自然搜索结果并无影响。如果他人的推广链接中并没有使用权利人的商标，并且清楚说明了商品来源等相关信息，不会造成相关用户的混淆。综合考虑网络用户对关键词广告的认知水平以及推广链接的具体情形，将他人商标作为推广链接的关键词，虽然主观意图是增加自己网站链接在搜索结果中出现的机会，但并不构成不正当竞争。

---

❶ （2016）浙杭01民终5968号民事判决书。该案中，原告曾用名"杭州叉车厂"，"杭叉"为原告的注册商标，被告使用"杭州叉车厂""杭叉叉车"作为搜索关键词，链接标题及链接描述中均出现上述词汇。由于原告未主张商标权，法院认定构成不正当竞争。一审法院曾认为"杭州叉车厂"并非原告的企业名称，且具有公共属性，不能禁止其他具备该属性的市场主体使用该属性，将其作为搜索关键词不属于不正当竞争。但二审认为，杭州叉车厂在叉车类商品上至今具有识别性和知名度，原告对其享有权益，叉车类商品不受气候等条件影响，产地并非消费者挑选商品的主要考虑因素，故消费者以"杭州叉车厂"进行检索时并不是为了寻找地理位置位于杭州市的叉车厂，而是为了寻找与原告有关的信息。被告的使用同样构成不正当竞争。但鉴于原告未要求调整一审判项内容，故二审维持了一审判决。

❷ 北京市高级人民法院（2013）高民终字第1620号民事判决书，以及北京市第一中级人民法院（2011）一中民初字第9416号民事判决书。

前述处理方式中，采用前两种的案件比较多，而这两种思路的区别基本在于对"设置关键词"行为本身的性质认识不同，即，如果认为是商标性使用，则认定为侵犯商标权；反之，则认定为不正当竞争。但在"该行为是不正当的，不应被允许的"这一点上，两种观点是相同的。这里有两个问题需要讨论：仅就将他人商标设置为搜索关键词这一行为来讲，是否必然构成侵犯商标权或者不正当竞争？其次，所谓"商标性使用"，是否是区分商标侵权还是不正当竞争行为的合适的标准？

4.2.2 将他人商标设置为搜索关键词与所谓的初始兴趣混淆

将他人商标作为搜索关键词的行为，之所以普遍被认为是对商标权的侵犯或者构成不正当竞争，与所谓"初始兴趣混淆"或者"售前混淆"理论有关。从判决书所陈述的大同小异的理由中能看到该理论的影响："被告行为使得原本想进入原告网站的用户误入被告网站，分散了用户对原告产品的注意力，增加了被告网站被访问的可能性，拦截了本该属于原告的商业机会等。"

初始兴趣混淆是来自美国法的一个概念，最早由第二巡回上诉法院在 1975 年的"Steinweg 案"中确立[1]，该案认为消费者可能被"GrotrianSteinweg"的名字所吸引，认为其与"Steinway"存在某种关联，即使消费者在购买时已经不存在混淆，被告也构成侵权。对于网络环境下出现的新的使用商标的方式，比如网页元标记、关键词广告、弹出广告等，初始兴趣混淆理

---

[1] Grotiran, Helffeirch, Sehulz, Th. SteinwegNachfv. Steinway& Sons, 523 F. 2d 1331 (2d Cir. 1975).

论表现出了较强的可适用性。❶ 虽然美国大多数法院均接受初始兴趣混淆为混淆可能性的一种形式❷，但该理论的含义并不明确。从前述"Steinweg 案"的事实来看，权利人的商标 Steinway & Son 具有较高的知名度，在后商标为"GrotrianSteinweg"，且双方均使用在钢琴产品上，综合考虑相同商品、在先商标知名度高以及商标近似的因素，足以认定具有混淆可能性，按照通常的商标侵权认定标准即可认定侵权。该案法院认为当消费者实际走进在后使用人店铺时已经不会混淆，其实是把侵权的标准由"混淆可能性"提高到了"实际混淆"，所以才创造出"初始兴趣混淆"这一术语，事实上毫无必要。而美国法院后续在网络相关案件中对初始兴趣混淆的扩大适用，明显体现出该概念的模糊性及其弊端，即容易将判断由"混淆"偏移至纯粹的"注意力转移"。比如第九巡回上诉法院在 Brookfield 案中认为："尽管消费者能够认识到登录了错误的网站，但可能嫌麻烦而不愿离开，甚至对该网站的产品和服务产生兴趣。"❸ 将消费者在明知来源的情况下可能对被告商品产生的兴趣也视为对原告的损害，显然过于扩大了商标权人的权利❹。美国学者对该理论也有很多批判，如 Michael Grynberg 认为其忽视了消费者搜索成本低

---

❶ 黄武双，李进付. 从售中"混淆"到"初始利益混淆"——利益平衡视角下的网络搜索关键词商标侵权认定[J]. 中华商标，2007（10）：42-47.

❷ McCarthy J. Thomes. McCarthy on Trademarks and Unfair Competition [M]. 4th ed. Westlaw. © 2012 Thomson Reuters.

❸ Brookfield Communications, Inc. v. West Coast Entertainment Corp., 174 F. 3d 1036（9th Cir. 1999）

❹ 前述"映美"不正当竞争案中法院的表述也反映了同样的问题。该案法院论述中几乎将"用户输入相关商标进行搜索"等同于"用户决定购买原告产品"，从而认为所有可能的商业机会都应该属于原告，所有可能的转移都是掠夺了原告的商业机会。该案中法院关于"不得利用他人商标增加自己商业机会"的表述，几乎将所有的比较广告等均划入侵权行为的行列。

的特点，过于偏袒权利人利益但忽视了公共利益，弱化了商标权利人的举证责任。❶ Dogan 和 Lemley 教授认为，初始兴趣混淆将分析的焦点从消费者混淆转移到是否分散了对商标权人的注意力上，而不论这种短暂的转移是否是由于混淆导致的，以及是否损害了消费者利益。这种理论建立在不当得利的直觉之上，似乎商标权人有权禁止一切利用其商标获利的行为，这一直觉与商标法一直以来所强调的"商标权并非绝对的财产权"相违背，不仅损害了商标法便利信息流通的目标，更损害了商标法促进正当竞争的核心价值。❷

我国也有学者认为"初始兴趣混淆"理论是混淆理论的新发展，应予采纳❸。在"大悦城"案❹中，法院直接在判决书中陈述了认定售前混淆的理由，认为，售前混淆对商标权所保护的利益会造成损害，该损害主要体现在两方面：可能会使商标权人基于该商标而应获得的商业机会被剥夺；会削弱商标与商标权人之间的唯一对应关系。本书认为上述两点理由均值得商榷。关于是否剥夺了商标权人应得的商业机会，正如在"慧鱼"案中法院所指出的，以目前的网络用户对搜索引擎的熟悉程度和对搜索结果（既包括自然搜索结果也包括付费搜索结果）的

---

❶ Michael Grynberg. The Road not Taken: Initial Interest Confusion, Consumer Search Costs, and The Challenge of The Internet [J]. Seattle University Law Review, 2004, 28: 97-144.

❷ Stacey L. Dogan, Mark A. Lemley. Trademarks and Consumer Search Costs on the Internet [J]. Houston Law Review, 2004, 41: 777-847.

❸ 邓宏光. 商标混淆理论之新发展：初始兴趣混淆 [J]. 知识产权, 2007 (3): 72-77. 另有观点认为，即使售前混淆并非商标侵权，也是"利用他人商标商誉作为广告工具，引诱消费者并促成自己商品销售的行为，构成不正当竞争当无疑问"，参见：黄汇. 售前混淆之批判和售后混淆之证成——兼谈我国《商标法》的第三次修改 [J]. 电子知识产权, 2008 (6): 11-13.

❹ 北京知识产权法院（2015）京知民终字第 1828 号民事判决书。

认知，很难假设输入某商标作为搜索关键词的用户会认为搜索引擎给出的搜索结果都与该商标权人有关，故所谓的商业机会并非当然属于商标权人。况且，如果搜索引擎服务商将付费搜索排名与自然搜索结果进行了清楚的区分，而被告在搜索结果页面并未使用原告的商标，链接标题以及链接描述中都清楚表明了自己的身份，网络用户更不会有对双方造成误认的可能性，如果其选择了点击被告的网站，也是基于其认识到被告有可能提供了与原告相同或类似的产品而产生了去了解的兴趣，其兴趣针对的是"产品"而非原告的"商标"。最后，即使用户确实基于错误认识而点击了被告的网站，如果该网页上没有与原告商标相关的内容，其进入之后也会立即发现该网站与原告没有关系，在其点击鼠标即可退出的情况下，之前的点击行为对原告的损害可谓微乎其微，不足以导致法律的介入。法律对售前混淆规制的必要性只体现在"消费者需要花费高昂代价才能得以摆脱"的时候❶。而关于第二点理由，商标法是否要保护商标与商标权人之间的唯一对应关系，或者是否能保护唯一对应关系，都存有疑问。首先，除极少数显著性及知名度均极高的商标外，大多数商标与商标权人之间都不存在唯一对应的关系；其次，商标法只是禁止未经许可，以容易造成混淆的方式使用他人商标，保护商标与商标权人之间的唯一对应关系从来也不是商标法的目标。

如果被告不但以原告的商标作为搜索的关键词，而且在结果页面中显示的链接标题或者链接描述中也使用了原告的商标，其行为将原告的商标与其提供的相同或类似商品相联系，足以

---

❶ Ross D. Petty. Initial Interest Confusion versus Consumer Sovereignty：A Consumer Protection Perspective on Trademark Infringement [J]. The Trademark Reporter，2008, 98 (3)：757-788.

引起相关公众对其提供的商品或服务与原告之间产生混淆，不必依赖所谓的初始兴趣混淆即可认定构成侵权，混淆可能性的概念足以涵盖。而如果被告的行为仅仅是设置了相关关键词，在链接标题和链接描述中均没有使用，在自然搜索和付费搜索结果有清晰划分的情况下，由于原告自己的网站一般也会在自然搜索结果页面出现，消费者不会产生混淆，只是有了更多的选择。被告确实借助原告的商标展示了自己的替代产品，原告可能会因此而丧失一些交易机会，但只要没有误导消费者，仅仅转移其注意力的行为并不违法，也不会扭曲市场，反倒有利于市场的活跃和信息的充分流通，也不能借助所谓的"初始兴趣混淆"认定其构成侵权。概言之，初始兴趣混淆的概念过于模糊，一部分情形通过混淆可能性的判断足以认定构成侵权，没必要使用该概念；另一部分则可能不当地给予了商标权人过多的权利，我国没有必要引入该术语❶。

关于初始兴趣混淆所增加的信息是否对消费者真正有利，也有两种不同的观点。一种观点认为"过多过滥的无用信息可能掩盖真正有效的信息，反倒增加了消费者的搜索成本"。❷ 另一种观点则认为，"信息过量"虽不见得更好，"信息不足"同样不好。❸ 对消费者而言拥有全面信息是重要的，要"货比三

---

❶ 美国商标法下一些理论和术语有其自身背景的特征，比如美国商标法传统采用"使用制"，早期强调"欺诈"，故其混淆理论有逐步的发展过程，产生了诸如"售前混淆""反向混淆"等术语，但我国的商标法一开始即采用了注册制，混淆仅为可能性而不要求实际的混淆，混淆可能性作为一种法律判断而非事实认定，这些都决定了美国法的某些术语不一定需要引入我国，可参见：董晓敏. 论"反向混淆"概念之不必要 [J]. 知识产权，2017（5）：47-51.

❷ 邓宏光. 商标混淆理论之新发展：初始兴趣混淆 [J]. 知识产权，2007（3）：72-77.

❸ Stacey L. Dogan, Mark A. Lemley. Grounding Trademark Law Through Trademark Use [J]. The Trademark Reporter, 2008, 98 (6): 1345-1378.

家"才能知道自己最为满意的商品。❶ 对消费者来讲，哪些信息是有用的、必要的，应该由其自己来判断和选择，最起码该决定权不能赋予商标权人。自由竞争的环境下，还是应该给予消费者尽量全面的信息，而相信其有选择和判断的能力。

关于竞价排名，案例中还体现出一些有趣的特点，有助于我们对将该行为本能地视为"搭便车"的倾向进行反思：有的案件中，竞争对手双方分别以对方的商标为搜索关键词，又分别起诉对方侵权，法院亦分别认定双方均构成不正当竞争。❷ 有的案件中，采用竞争对手商标作为搜索关键词的被告似乎知名度高于原告。❸ 有案件显示出用户实际点击与关键词展示的数量，该案中关键词展示6963次，点击338次，比例不足5%❹，可以从一个角度反映对原告可能的损害究竟有多大。

对于将他人商标作为竞价排名关键词的行为，实践中案例基本都认定构成侵权或者不正当竞争，认为不侵权的凤毛麟角。除了前述所举"慧鱼"案外，几乎没有看到类似认定的案例，甚至在"映美"案中，被告将"慧鱼"案判决书作为证据提交，亦未能说服法院采纳该案中的观点。本书认为一方面反映了"初始兴趣混淆"理论的模糊性，对其适用容易笼统地认定构成侵权的结论，另一方面也反映了法官在面对新问题时容易诉诸"禁止不当得利"的公平直觉。有美国学者认为：考虑到

---

❶ 刘敏. 论"初始兴趣混淆"原则在中国司法中的适用 [J]. 法律适用，2014 (4)：59-64.

❷ (2015) 深南法知民初字第1号、(2015) 深南法知民初字第187号民事判决书，第1号案中被告上诉后又撤回，一审生效。对于187号案，中国裁判文书网中未查询到二审文书。

❸ 前述"映美案"中，原告为新会江裕信息产业有限公司，被告为爱普生中国公司。

❹ (2016) 浙0108民初4476号民事判决书，中国裁判文书网中未查询到该案二审文书。

商标在现代经济中的重要性，法官们可能担心不给予保护造成什么不可预料的后果。这种担心使得他们轻易将现状接受为合理。❶ 北京市高级人民法院于 2016 年发布了《关于涉及网络知识产权案件的审理指南》，其中关于竞价排名部分的规定要求综合考虑若干因素，尤其是要考虑链接标题、链接描述以及网页中是否使用，是否足以导致可"归属"于原告的交易机会的丧失等，体现了对一概认定为不正当竞争的现状的反思，增加了该行为不被认定为不正当竞争的可能性。❷ 但该条关于"使用是否有正当理由"的表述仍暗含着"使用他人商业标识本身为不正当"的判断。而如本书中观点，该因素应为中性，没有误导的使用不需要另行寻找"正当理由"。

4.2.3　商标使用是否是区分适用商标法或反不正当竞争法的标准

商标使用或称"商标性使用"是我国近年来商标领域讨论较多的话题，不但在竞价排名的案件中涉及，在定牌加工❸、电

---

❶　Robert G. Bone. Taking The Confusion Out of "Likelihood of Confusion"：Toward A More Sensible Approach To Trademark Infringement ［J］. Northwestern University Review, 2012, 106 (3): 1307-1378.

❷　《关于涉及网络知识产权案件的审理指南》第 38 条：认定被告购买、使用竞价排名服务的行为是否构成不正当竞争时，可以综合考虑以下因素：（1）是否未经许可使用了原告或者其利害关系人的能够标示商品或者服务品质、来源的商业标识，作为竞价排名关键词；（2）使用他人商业标识作为竞价排名关键词是否具有正当理由；（3）在搜索结果列表中所显示的标题、网页内容介绍中是否包含该关键词；（4）通过搜索结果进入的被告网页是否包含该关键词；（5）是否足以导致归属于原告的交易机会或者竞争优势变化，致使原告合法权益受到损害。而且，上述指南关于商标部分未提及竞价排名问题，是否意味着其将这一问题均视为不正当竞争问题？

❸　如"PRETUL 案"，参见：最高人民法院（2014）民提字第 38 号民事判决书。该案认为，使用相关标识的产品全部出口，不在中国市场上销售，该标识不在我国领域内发挥商标的识别功能，不是商标意义上的使用。

视节目名称❶等案件中都引起了较多争议,有文章甚至认为"商标性使用是商标侵权成立的前提条件"是国内的主流观点❷。

2013年修正的《商标法》第48条对何为商标使用做了规定。根据该条,商标使用是指将商标使用在商品、商品包装或者容器以及商品交易文书上,或者将商标用于广告宣传、展览以及其他商业活动中,用于识别商品来源的行为。该条规定基本来源于2002年《商标法实施条例》的第3条,但是增加了最后一句"用于识别商品来源"。虽然商标作为识别来源的标识,增加的内容体现了商标使用的本质,但从解释上却带来了疑问:"用于识别商品来源"究竟是对前面所述商标使用行为性质上的概括还是一个独立的要求,已经为该条款所列举的行为,如将商标用于商品上,是否自动视为"识别商品来源的行为",还是需要再判断其是否是"识别商品来源的行为"?因该条款来源于2002年《商标法实施条例》的规定,所列举的使用行为并未发生变化,对原列举行为是否属于商标使用也并无争议,增加的内容应该是对所列举内容性质的概括,可以根据该性质来认定其他未被列举的行为属于商标使用行为。但是从实践中来看,显然有不少观点将其理解为新增加的一项独立的要求。对所谓的商标性使用,本书认为对"识别来源的功能"宜从形式上理解,只要从使用方式上能够使相关公众将其理解为系在指明商品的来源

---

❶ 如"非诚勿扰案",参见:广东省高级人民法院(2016)粤民再447号民事判决书。该案认为:江苏电视台反复多次、大量地在其电视、官网、招商广告、现场宣传等商业活动中单独或突出使用,超出了对节目内容进行描述性使用的范围,具有了区分商品或服务来源的功能。

❷ 蒋利玮.论商标使用的判断:以"非诚勿扰"案为视角[J].法治社会,2016(3):38-46.

即可❶，并不需要该标识从实质上确实具有了识别商品来源的功能❷。否则，一方面可能与我国采用商标注册制，注册而未使用的商标亦受到保护的制度基础产生矛盾，另一方面也容易导致对同样的使用行为，权利人的使用被视为商标使用，而被告的行为被认为不是商标使用的逻辑困境。❸

有意思的是，在竞价排名案件中，如果设置的关键词是他人商标，会因是否属商标性使用从而产生应适用商标法或是反不正当竞争法一般条款的争议，而如果涉及的是他人的字号或者知名商品特有名称等标识，则直接适用反不正当竞争法具体条款并无争议。同样是商业标识，对于其他标识的使用似乎没有引起"是否用于识别来源"的争议。

是否以商标使用作为商标侵权判断前提的争论同样主要发生在美国。但是，作为支持商标使用前提的代表性人物，Dogan 和 Lemley 教授在文章中清楚表明了其并不认为所有的案件都需

---

❶ 如我国台湾地区"商标法"第5条规定：商标之使用，指为行销之目的，而有下列情形之一，并足以使相关消费者认识其为商标：（一）将商标用于商品或其包装容器……"足以"二字表明具有可能性即可。

❷ 例如，有观点认为："标题天生就具备描述和概括的功能，但其指向特定作品乃至特定出处的功能只能随作品的传播而逐渐获取。起初并不侵犯他人商标权的节目名称，由于节目越办越成功，开始发挥商标的作用，进而也就可能与在先商标权发生冲突。"参见：彭学龙，郭威. 论节目名称的标题性与商标性使用——评"非诚勿扰"案 [J]. 知识产权，2016（1）：7-21. 从该段论述可知，该作者认为节目名称在未取得成功之前，未开始发挥商标的作用，故不会与在先商标发生冲突，即从实质意义上来理解商标的使用。

❸ 比如，在正当使用的案件中，原告在"沐浴露"等商品上注册了"青苹果"商标，其在产品上使用"青苹果沐浴露"的行为自然是商标使用行为，而被告的行为同样是在产品上使用"青苹果沐浴露"。法院认定被告系对产品特征、香型的描述，不侵犯商标权，参见：最高人民法院（2009）民申字第959号民事裁定书。是否侵权关键在于该注册商标标识对于该产品是否具有描述性、被告使用是否为描述其产品，而不在于其是否商标性使用。原、被告的使用方式表面上看可能是完全相同的。

适用此原则，而且原告并不需要证明对方属于商标性使用，商标性使用的要求产生于若干不侵权的抗辩事由，其作用主要在于在部分案件中划定不属于商标侵权的行为类型。❶ 在竞价排名及网络相关的商标纠纷中，其关注的是认定服务商的行为不属于商标使用从而排除在直接侵权范围之外，其他领域也主要限于正当使用、商标本身的商品化以及涉及表达性的使用等情形。另外一位主张商标性使用的学者 Margreth Barrett 也认为：在互联网时代之前，商标使用很少成为问题，因为原告不会有机会对不属于商标使用的情形主张权利。❷ 我国部分观点认为：应将商标性使用作为所有商标侵权案件的前提，过于扩展了该理论的适用范围，导致对于"将商标使用在商品上"这种最典型的商标使用行为，都产生了是否是商标使用的争论。

　　本书不赞成泛泛地以商标性使用作为判断是否构成商标侵权的前提。首先，绝大多数的侵权案件中对于使用的性质没有争议，花费笔墨论述其属于商标性使用毫无意义；而在那些真正有争议的案件中，判断是否属于商标性使用的过程几乎与判断是否存在混淆可能性的过程没有什么不同❸，前文中"梅思泰

---

❶ Stacey L. Dogan, Mark A. Lemley. Grounding Trademark Law Through Trademark Use [J]. The Trademark Reporter, 2008, 98 (6): 1345-1378.

❷ Margreth Barret. Internet Trademark Suits and The Demise of "Trademark Use" [J]. U. C. Davis Law Review, 2006, 39: 371-457.

❸ Graeme B. Dinwoodie, Mark D. Janis. Confusion Over Use: Contextualism in Trademark Law [J]. Iowa Law Review, 2007, 92: 1597-1667. 两位作者反对商标使用论，认为其无助于简化分析，也不会带来确定性，语境（context）分析虽然有时繁琐，但能使商标法尽可能地适用现代经济的商业环境，并与之相协调。而关于疑难案件中是否商标使用与混淆可能性的判断可能一样困难并可能涉及同样因素这一点，Dogan 和 Lemley 教授也认可，参见：Stacey L. Dogan, Mark A. Lemley. Grounding Trademark Law Through Trademark Use [J]. The Trademark Reporter, 2008, 98 (6): 1345-1378.

克案"法院对两个问题的论述证明了这一点。❶ 其次，以商标性使用作为认定商标侵权的前提，容易导致误解，即认为商标法仅调整商标使用行为，而非商标性的使用行为，就是商标法未予规范的，就可以适用反不正当竞争法（通常是一般条款）再进行评价。但从实践中的情形来看，大部分被认定不属于商标性使用、不侵犯商标权的行为，如正当使用、定牌加工等，都直接认定为被告享有相应的行为自由，而不再考察其是否构成不正当竞争。商标法对于该部分行为已经进行了调整，如果根据商标法认定其不侵犯商标权，说明商标法在此已经划定了商标权人的权利范围和界限，不需要再适用反不正当竞争法一般条款进行评价。如果认为某些行为类型不构成对商标权的侵犯，在商标法中直接规定为抗辩事由更能达到目的，而不是设置一个貌似普遍适用的"商标性使用"要件。

故本书认为，商标性使用并非合适的区分商标法和反不正当竞争法适用的标准。对商标法来讲，反不正当竞争法的补充保护，更多地体现在其对那些商标法未予保护的商业标识的保护上，而对于商标法已经进行了规范的，尤其对于注册商标，很少有补充的必要。❷ 在竞价排名的特定情形下，由于购买、设

---

❶ 欧盟法院在 2010 年作出的 Google France SARL, Google Inc. v. Louis Vuitton Malletier SA 等 3 个案件判决中，认为欧盟商标指令和商标条例中规定的商标权人有权禁止的行为，应该是在商业经营中、在商品或服务上，并对商标功能产生了不利影响的使用。故未经许可使用与他人商标相同的标识作为关键词推广相同产品，如果网络用户不能或很难区分该商品究竟来源于商标权人或者与商标权人有特定联系的主体还是来自第三方的话，构成侵权。是否商标使用与是否构成侵权基本是同一论证过程。关于该案中文介绍，可参见：杜颖. 社会进步与商标观念：商标法律制度的过去、现在和未来 [M]. 北京：北京大学出版社，2012：128-134.

❷ 即使对于实践中新出现的涉及商标的使用方式，如果结论是应予制止的话，究竟是依据商标法还是反不正当竞争法，其实并没有本质区别。比如对于"反向假冒"的争议，假设我们认为商标权人有权制止该行为，那么将其规定在商标法中或

置关键词的行为确实与传统的"将商标使用于商品上"等行为不同,讨论其是否属于商标法所未规范的行为,或者将其称为是否构成"商标性使用"或许有价值,但意义有限。根据前文观点,仅仅将他人商标设置为关键词的行为,既不侵犯商标权,也不构成不正当竞争。在此情形下,是否商标使用没有实际区别。对于既设置了关键词,又在链接标题或链接描述中使用的行为,如果容易造成混淆,可认定后者构成对商标权的侵犯,没有必要再将前者单独认定为不正当竞争。

按照上述观点,在竞价排名案件中,如果涉及的是他人注册商标,则在商标法的框架下解决;如果涉及其他标识,则以《反不正当竞争法》第 6 条解决。两种情况下都不会涉及一般条款的适用。适用具体规定的好处在于有较为明确的侵权判断要件,不会轻易诉诸防止"搭便车"等公平直觉。对于依据商标法和具体条款都无法认定为侵权的行为,即应认为该行为已经经受住了诚信原则和商业道德的考验,一般条款也不应再有用武之地,除非该案中存在其他特殊事实。❶

(接上注)
者规定在反不正当竞争法仿冒条款中是否有实际区别?而如果我们认为该行为并非商标权人所能控制,那么既不能认定侵犯商标权,也无法认为其违背诚实信用原则和公认的商业道德,其同样不构成不正当竞争。关于后一种观点,参见:韦之,白洪娟. 反向假冒质疑 [J]. 知识产权,2004(1):36-39.

❶ 如"益生康健案"中,一审法院认为:益生康健并非原告独有商标,有其他主体享有同类或类似权利,但被告创建人员曾为原告公司高管,其使用明显指向原告,且没有使用该关键词的正常理由,所以构成不正当竞争。二审虽然维持,但未认定其他主体享有权利,而是认定了与原告有较为紧密的对应关系。参见:(2016)京 73 民终 88 号民事判决书。抛开该案事实,该案一审的论理部分更明显地体现了不正当竞争案件的特质,即其并非创设普遍权利,而仅针对特定行为。但在原告不享有权益的情况下,被告曾为原告公司高管、与该关键词不具有联系,是否足以认定其行为具有不正当性,也值得商榷。还有的案件在明确"无法认定原告字

4.3 对商标表达性含义的使用既不侵犯商标权也不构成不正当竞争

4.3.1 LV房地产广告案反映出的问题

在"LV房地产广告案"中,两被告在其开发的大楼上安装了一大型户外广告牌,广告中图案由三部分组成,左右两侧均为该楼盘的广告语,并标注了两被告名称,中间部分为一半蹲模特图像,模特手中拎一手提包,包身包含"LV"商标图案。原告认为该行为侵犯其商标权并构成不正当竞争。法院认为:该广告中并未将LV图案作为广告商品的商标或者名称等进行使用,广告另2/3画面明显、直接标明了两被告的名称,消费者不会因为该广告而对该楼盘的来源产生误认。据此,不构成侵犯商标权。

但是,法院认为:原告的LV手提包具有较高知名度,LV已经成为高档、时尚的象征。两被告在明知的情况下,在广告中突出模特及手中的LV包,从而吸引公众,利用LV商品的知

(接上注)
号有一定知名度而能够获得企业名称权的保护,同样不能证明构成知名服务特有名称"的情况下,认为被告将含有他人字号及相关业务的词汇作为关键词进行竞价推广,并在搜索结果简介中使用,使得网络用户误认,构成不正当竞争。参见:北京市海淀区人民法院(2015)海民(知)初字第27222号民事判决书,该案一审生效。还有学者认为,售前混淆并没有实质性地损害普通消费者的利益,只是竞争者认为该行为逾越了公平竞争的底线,所以反不正当竞争法将其认定为不正当竞争行为。虽然貌似"扩张了知识产权的范围",但其实与知识产权权利范围无关。李小武. 还《反不正当竞争法》以应有地位——兼评3721网络实名案 [J]. 清华法学,2008 (4):144-159. 该论述的问题在于,如何直接认定"逾越公平竞争的底线",其次,如果根据商标法本不应被禁止,而反不正当竞争法予以禁止,又如何能说不是扩张了知识产权的权利呢?

名度来提升其广告楼盘的品位。两被告为了商业目的，故意直接利用原告通过长期经营和投入巨额资金获得的经营成果，构成不正当竞争。❶

该案应该是较早论及是否属于商标性使用问题的案件，但法院并未以"非商标性使用"的理由直接认定不侵犯商标权，仍然论述了是否容易导致混淆的问题。但值得注意的是，法院在论述了不会导致相关公众混淆，甚至在认定原告既未证明该广告存在虚假成分，也未证明消费者因该广告而产生错误的认识，因而不属于虚假宣传的情形下，却仍然认定被告的行为构成不正当竞争。显然，法院认为被告行为的不正当之处在于以商业目的使用原告商品高档、时尚的形象以提升自己商品的形象，即所谓的"搭便车"。但同时法院也认定被告侵犯原告合法权利。原告所主张的唯一权利基础就是商标权，在已经认定不侵犯商标权之后，是否该商标之上还存在其他商标法未予调整的权益，可以通过反不正当竞争法一般条款予以保护？前文已述，商标性使用的说法很容易让人误认为对于非商标性的使用，商标法没有进行调整，故可以适用反不正当竞争法。该案法院虽然并非以非商标性使用为由认定被告不侵犯商标权，但对该行为性质的认识仍然有可能潜意识中影响了法院，认为商标法对该行为的判断不是最终的。事实上，争论的焦点不是该使用是否商标性使用，也不是应适用商标法还是反不正当竞争法，而是商标权人的权利能否禁止他人此种使用方式？如果即使考虑到原告商标的知名度和对驰名商标的扩大保护，根据商标法也不能得出被告侵权的结论，那么是否还能认为商标法对此行为"失灵"、对涉及的利益冲突完全没有规范，从而再根据反不

---

❶ 上海市第二中级人民法院（2004）沪二中民五（知）初字第 242 号民事判决书。该案一审生效。

正当竞争法一般条款认定该行为构成不正当竞争？认定该行为"违反商业道德"暗含着"所有利用该商标获得利益的行为都是属于商标权人的权利"的前提，而该前提是否存在，正是商标法所要回答的问题，并且，长久以来商标法都给出了否定的答案。❶本书之所以倾向于在商标法的框架内考虑涉及注册商标的问题❷，而不再适用反不正当竞争法一般条款，正是因为一般条款的适用容易忽略商标法中存在的内在限制。

4.3.2 商标保护不应限制对其表达性含义的使用

"LV房地产广告案"引人思考的另一点就是，法院特别强调了LV商标成为"高档、时尚的象征"，被告在广告中使用是为了使相关公众认为自己的楼盘同样高档、时尚，所以是不正当地利用了原告的商业成就，表明法院已经认识到商标本身所带有的某种"象征意义"，不再仅仅是表示商品来源的标识，但法院却未认识到该"象征意义"在表达和信息交流中的作用，未考虑到社会和公众应享有的信息自由流通的正当利益，而一概将其视为权利人应受保护的"经营成果"。在传统的混淆理论下，商标保护很少有与言论自由冲突的问题，因为其禁止的是容易造成混淆和欺骗的言论，保证商业信息的"纯净"与保证其自由流动一样重要。但是，商标法之后的发展，如淡化理论

---

❶ 不仅是商标法，整个知识产权法都是如此，如 Lemley 教授所言：假设知识产权人有权获得其发明的全部社会剩余价值，违背我们在其他任何经济领域所体验到的经济直觉。参见：Mark A Lemley. 财产权、知识产权和搭便车 [J]. 私法, 2012 (1): 123-162. 该文中还引用了 Lawrence Lessig 教授的一句话：充分的激励不是完全控制。

❷ 至多可以适用仿冒条款，如前文所提到的将他人较高知名度的商标注册为企业名称、没有突出使用仍然容易导致混淆的情形，由于已经形成较为稳定的做法，可以延续。但是，如果商标法修改将该行为直接列举为侵权行为的一项，不论从体系上还是从立法技术上都不存在问题。

等，突破了混淆的限制，商标权人日益追求对于商标标识本身的保护，如果对商标在表达方面的作用不加以考虑的话，就可能对信息的流通构成限制。"这些著名的商标是使人联想起其所有人的强有力的工具，因此，它们成为公共语汇中重要的，有时甚至是不可或缺的组成部分。限制使用这些驰名商标的法律规则就有可能会限制了思想的流通。发生这种情况时，法院对保护商标权与言论自由之间的冲突就不能再视而不见了"。❶ 对于商标在大众文化和表达中的作用，美国法院在 New kids 案中举了一个形象的例子：有时可能并没有合适的可替代商标的描述方式，例如，我们也许可以说"两度世界冠军"（注：原文如此），"来自芝加哥的职业篮球队"，但显然，直接说"芝加哥公牛队（Chicago Bulls）"更为简捷，而且更容易被理解。❷

在美国有许多商标侵权案件涉及对商标的表达性信息的使用。如"Dairy Queen 案"，商标权人阻止了一个以明尼苏达州选美比赛为内容的电影使用"Dairy Queens"为名称❸；"Gay Olympics 案"，美国奥委会禁止旧金山的一场同性恋运动会使用"Gay Olympics"的名字❹；美国棒球联盟阻止儿童棒球队使用其大联盟球队的名称❺；等等。商标在传递信息、作为表达方面的重要性以及过度的商标保护可能对言论的影响也引起了学者较多关注，并提出多种思路来限制商标权人任意扩张其权利。比

---

❶ Robert C. Denicola. Trademarks as Speech: Constitutional Implications of The Emerging Rationales For The Protection of The Trade Symbols [J]. Wisconsin Law Review, 1982.

❷ New Kids on the Block v. News America Pub., Inc., 971 F. 2d 302, (9th Cir. 1992).

❸ American Dairy Queen Corp. v. New line Prod., D. Minn. Dec. 22, 1998.

❹ San Francisco Arts & Athletics, Inc. v. U. S. Olympics Committee, 483 U. S. 522 107 S. Ct 2971 (1987).

❺ 在被诉的威胁下，儿童棒球队都改变了球队名称，参见：Mark A. Lemley, Mark P. McKenna. Irrelevant Confusion [J]. Stanford Law Review, 2010, 62: 413-454.

如，有学者建议区分对商标的"表达性使用"和"标识性使用"，借助"表达通用化（genericity）"的术语，认定商标权人不应制止在表达意义上对商标的使用❶。我国相关的案例还不多，"LV 房地产广告案"是为数不多的涉及该问题的案例，被告在其中对 LV 商标和商品的使用确如法院所说，是在使用该品牌所谓"高档、时尚"的形象，但该品牌形象正是商标权人竭力想要向社会公众传达的信息，权利人不能在灌输给大众某种观念之后又禁止公众使用这一观念。假设影视作品中塑造一个"拎 LV 包或穿 LV 服装"为特征的人物形象，商标权人是否能主张借助其商誉提升人物或作品形象，或者能否因为该人物某些不被喜爱的特征而主张有损其品牌形象呢？虽然所述案件中被告是在广告中使用，较之影视作品具有更强的商业性质，但并不能当然否定其含有的表达意义。涉及对商标的保护，只有当避免混淆的公共利益超过了表达自由的利益时才对表达性作品适用❷。

我国学者也已经注意到商标的这种文化属性，如有学者认为：商标原本是具有经济属性的标志，随着其在社会中扮演的经济角色越来越重要，商标汇聚的信息得到强化，使之成为在

---

❶ Rochelle C. Dreyfuss. Expressive Genericity: Trademarks as Language In The Pepsi Generation [J]. Notre Dame Law Review, 2014, 65 (3): 397-424. 该文中尤其提出，法院不应采用"有价值即有权利"（if value, then right）的理论假设，容易导致权利失去边界。

❷ Rogers v. Grimaldi, 875 F. 2d 994, (2d Cir. 1989). 该案认为，仅仅考虑被告是否有替代表达方式并不足以维护公众的表达自由，该案对于在艺术作品中使用商标是否侵权提出"两步判断法"，即首先要看对商标的使用与该艺术作品是否有艺术上的联系（artistic relevance）；如果有的话，再看使用对于作品来源或内容是否有明显的误导（explicitly mislead）。参见：McCarthy J. Thomes. McCarthy on Trademarks and Unfair Competition [M]. 4th ed. Westlaw. © 2012 Thomson Reuters.

大众意识中具有特定含义的公共语汇。❶ 另有学者认为：商标所蕴含的丰富意义和作为符号的本质属性，决定了商标是沟通和表达信息的有效工具。商标并不仅仅属于商标权人。商标权必须被限定在一定的范围之内。❷ 即使主张保护商标所谓"符号表彰功能"的学者也认为：仅仅引发人们对商标权人商标的单纯联想或回忆并不足以推定符号表彰功能受损。❸ 在上海知识产权法院审理的一起著作权案件中，法院认为被告在电影海报中使用"葫芦娃""黑猫警长"等动画形象，是为了说明20世纪80年代少年儿童的年代特征，与其他具有当时年代特征的元素一起作为海报背景图案，构成合理使用。❹ 可以设想，如果权利人将上述形象注册为商标，或者电影海报中其他具有年代特征的元素显示出了商标（如永久牌自行车），其仍然是对该形象所蕴含的时代特征意义上的使用，不构成对商标权的侵犯，当然也不能依据反不正当竞争法一般条款再认定为构成不正当竞争。

小　结

商标法与反不正当竞争法关系密切，商标法虽然是传统的三大知识产权法之一，但其与专利法和版权法有重大区别。反不正当竞争法对符合一定条件的商业标识提供保护，其保护基础与商标法是相同的。我国新修改的《反不正当竞争法》第6条规定了对商业标识防止混淆的反仿冒保护，该条对注册商标

---

❶ 杜颖. 社会进步与商标观念：商标法律制度的过去、现在和未来 [M]. 北京：北京大学出版社，2012：266.
❷ 姚鹤徽. 商标法基本问题研究 [M]. 北京：知识产权出版社，2015：315.
❸ 徐聪颖. 论商标的符号表彰功能 [M]. 北京：法律出版社，2011：162.
❹ 上海知识产权法院（2015）沪知民终字第730号民事判决书。

以外的其他商业标识的保护，与商标法对注册商标的保护相结合，构成了我国目前对商业标识的法律保护体系。商标法以及反不正当竞争法对未注册商标采用了"在先使用并有一定影响的商标""有一定影响的商品名称、包装、装潢"等不同用语，在保护体系上有一定的不协调和不明确之处。反不正当竞争法的修改，未能将实践中经常适用一般条款的情形进行类型化和明确列举，是一个遗憾，比如将他人具有较高知名度的商标注册为企业名称，即使未突出使用仍然容易造成混淆的行为，在2017年《反不正当竞争法》下可以不再适用一般条款，但仍需适用第6条第（四）项的兜底规定。对于商标法未予保护的商业标识，反不正当竞争法可以进行保护，不违反商标法的立法政策，但是对于商标法已经进行过调整的领域，尤其是注册商标，反不正当竞争法一方面没有必要给予重复保护，另一方面，如果某行为依据商标法不构成侵权，一般情况下是已认定该行为应为他人可自由实施，反不正当竞争法也不应再行介入，否则可能与商标法的立法政策相冲突。在这个意义上，所谓商标性使用不是区分商标法和反不正当竞争法适用的好的标准，该提法本身即容易导致"商标法不调整非商标性的使用，故反不正当竞争法一般条款可以自由进行评价"的误解，很多情况下商标法认定不是商标性使用的行为，已经认定该行为不在商标权人的控制范围之内，不需再依照反不正当竞争法一般条款进行衡量。没有必要在所有侵权案件中均论述是否构成商标性使用。对于真正有争议的案件，论证是否商标性使用的过程基本等同于论证是否存在混淆可能性的过程。以竞价排名纠纷为例，在平台服务商将自然搜索结果与付费搜索结果明确进行区分的情况下，如果被告将他人商标设为关键词，并在搜索结果页面中的链接标题或链接描述中使用他人商标，容易造成混淆的，不需要引入所谓的"初始兴趣混淆"理论，即可认定构成侵犯商标权。如果被告仅仅将他人商标设为关键词，没有其他使用行为，网络用户不会产生混淆，则不构成侵犯商标权，亦不违反诚信原则，不构成不正当竞争。对于商标和其他商业标识的保护，应注意商标可能的多重含义，尤其是比较著名的商标，由于其所蕴含的表达性含义可能已经成为公共话语的组成部分，对其保护不应阻碍公众在表达和信息流通方面的利益。考虑到商标法和反不正当竞争法具体条款已经基本涵盖对商业标识的保护，而且均有兜底性条款，根据其规定不构成侵权的行为一般均属于不满足其构成要件，从而应该属于他人行为自由的范畴。本书倾向于对于商业标识不再适用反不正当竞争法一般条款进行保护，除非能明确得出商标法及反不正当竞争法仿冒条款对该部分利益关系完全未予涉及的结论。

第 5 章
涉及网络的新型不正当竞争纠纷中一般条款的适用

5.1 在缺乏类型化参照的领域对一般条款进行价值补充

一般条款作为一种待补充的规则,其并非像规则一样"是对特定事件的固定反应",而需要结合具体场合进行解释,即需要具体化才能得以适用。反不正当竞争法一般条款包含的都是如"诚实信用""善良风俗"这样的不确定法律概念,适用时需结合具体的案件事实确定其构成要件及适用范围,这一过程被称为价值补充。❶ 与一般的法律规则中体现的是立法者的价值判断不同,一般条款中的价值判断主要是由法官作出的。❷ 价值补充是对法官在适用一般条款时如何进行思维提供一定的方法指导,而不能直接提供具体的判决结果。❸ 本书在论及我国反不正当竞争法一般条款适用的主要案件类型时已提及,类型化是一般条款具体化的通常途径,但结合我国反不正当竞争法一般条款案件的实际来看,类型化在操作上存在难度,方法上亦存

---

❶ 梁慧星. 裁判的方法 [M]. 北京:法律出版社,2003:183-185.
❷ 梁慧星. 民法解释学 [M]. 北京:中国政法大学出版社,1995:292-293.
❸ 于飞. 公序良俗原则研究——以基本原则的具体化为中心 [M]. 北京:北京大学出版社,2006:169.

在局限性[1]，故对于缺乏明确类型化参照的案件类型，仍然需要法官通过价值补充的方法进行裁判。前文已述，本书将我国适用反不正当竞争法一般条款的案件分为两类：与知识产权相关权益保护有关，以及其他。后一类案件中更直接涉及行为的正当性评价问题，较难进行类型化的概括，需要以价值补充的方式使得一般条款得以适用。在涉及网络的新型不正当竞争纠纷中，这一特征体现得较为明显。

5.1.1 反不正当竞争法一般条款的价值补充

1. 关于一般条款中术语的理解

反不正当竞争一般条款多采用"善良风俗""诚实的工商业惯例"等表述，我国2017年修订的《反不正当竞争法》更是为不正当竞争行为规定了自愿、平等、公平、诚信原则和商业道德等多个判断标准和原则，这些概念本身均是较为宽泛而灵活的，其相互之间是否具有差别，选择不同的用语是否有实质性的差别，都会成为问题。德国不正当竞争法在2004年修改之前采用的是"善良风俗"的说法，黑费梅尔教授文章中提到，有人把善良风俗看作公共秩序，但两个概念具有同样的不确定性。他认为，试图发展既符合评价标准的转义，又能广泛评判各种不公平竞争表现形式的统一形式，基本是徒劳无功的。"统一形式要么空洞无物，要么只能反映局部真相"，原因在于保护利益

---

[1] 如于飞教授认为，类型化是以现实中大量已有的案例为分析起点，故存在一定的迟延性，社会的发展又会使得原有的类型化总结显得滞后，另外类型化也有不周延性和相互之间的矛盾性等弱点。于飞. 公序良俗原则研究——以基本原则的具体化为中心 [M]. 北京：北京大学出版社，2006：161-164.

的多种多样。❶ 我国《反不正当竞争法》第 2 条虽然列举了多个原则和标准，但实践中人们并不将其理解为都具有同样的作用，在 1993 年《反不正当竞争法》下，判断行为不正当性主要依据的是诚信原则以及商业道德。最高人民法院在"海带配额"案中提出"诚信原则和公认的商业道德"是"问题的关键和判断的重点"，实践中也是将该两项原则作为判断的实质性标准，这通常也是最大争议之所在。关于诚实信用原则和公认的商业道德的关系，"海带配额"案认为二者基本是同一的：反不正当竞争法对市场竞争秩序进行规范，在这个范围内，诚信原则更多地体现为公认的商业道德。司法实践中也多对二者一并论证，由此可见，一般条款的本质决定其只是需要一个抽象的、不确定的法律概念，至于这个概念是"诚实信用"还是"善良风俗"，是"诚实的工商业惯例"或者是"商业道德"，并没有质的区别。比如 2004 年修订《德国反不正当竞争法》以"不正当"代替了之前的"违背善良风俗"，虽然有学者认为"善良风俗"标准给竞争者强加了一个不道德的污点，该做法毫无必要而且过时，❷ 但事实上，德国学者也认为，这种修改并未导致根本的、实质的方向转变。该修改并因此受到质疑，认为以一个不确定的概念替代另一个不确定的概念，仍然需要以司法具体化的方式来获得其含义，实践中没有任何意义。❸ 从这个角度讲，我国反不正当竞争法列举如此多的概念，不仅没有实际意义，反而容易造成不必要的混乱或者争论。郑友德教授等建议

---

❶ 沃尔夫冈·黑费梅尔.通过司法和学说使《反不公平竞争法》的一般条款具体化 [M] //漆多俊.经济法论丛：第 3 卷.北京：中国方正出版社，2000.
❷ 蒋舸.关于竞争行为正当性评判泛道德化之反思 [J].现代法学，2013 (6)：85-95.
❸ 范长军.德国反不正当竞争法研究 [M].北京：法律出版社，2010：84-85.

将诚实信用原则作为判断标准,理由并非认为该原则可以"厘定明确的、可普遍接受的行为准则",而仅仅是因为该词语的含义足够抽象❶。可见,选择哪个术语并不重要,其中包含了怎样的"实"才重要❷。诚实信用原则也好,公认商业道德也好,都有足够的包容力能够容纳"正当竞争"的判断标准。这也是2017年《反不正当竞争法》将"诚实信用原则"改为"诚信原则",将"公认的商业道德"改为"商业道德",却没有引起相关讨论,而被普遍认为没有实质性变化的原因。

2. 道德标准或者经济标准

如前所述,一般条款构成了不正当竞争行为的判断标准,那么,其中究竟是否含有实质性的判断标准,该实质性标准又为何,则有众多争议。

从一般条款的用语来看,不论是诚实信用、善良风俗,还是商业道德、诚实惯例,均带有某种道德色彩。面对某种不确定的情形,法律求助于更具有普遍性的伦理道德准则是很自然的选择。谢晓尧教授认为一般条款兼具法律规范和道德规范的双重性质,并进行了充分正面的评价。他认为,借助于伦理标准的补充和扩张性解释,权利义务的法定模式发生了重大变化。权利方面,一般条款借助于对权利来源的正当性追问,打破了权利保护专注于实在法的僵硬程式,将受保护的利益从法定权利扩展到了道德权利。而义务方面,同样扩大了私法义务创设中严格法定主义的模式,弥补了禁止性法律规定的缺漏。一般

---

❶ 郑友德,张钦坤,李薇薇,等. 对《反不正当竞争法》(修订草案送审稿)的修改建议[J]. 知识产权,2016(6):3-22.

❷ 相反观点认为,一般条款应该反映最深层次、最根本的竞争规律,对其表述制约着法律文本的受众对竞争本质的理解,因为某种程度上"语言的界限就是思想的界限"。参见:蒋舸. 关于竞争行为正当性评判泛道德化之反思[J]. 现代法学,2013(6):85-95.

条款有效地结合了法律的形式理性和价值理性，成为沟通正式法律渊源与非正式法律渊源的桥梁，避免了实证法与自然法之间的隔膜。❶

但是有学者对此持相反观点。如蒋舸认为：一项竞争行为之所以不正当，原因并非行为人的主观动机有多么恶劣，而是因为客观效果上，该行为扭曲了市场机制，破坏了市场结构。因此，当市场上出现尚未类型化的新型竞争行为时，应从行为的客观效果对其进行评价，而不是行为人的主观动机。其认为将一般条款作道德解读会有如下矛盾冲突：道德标准的多元性和竞争规律的普适性；道德评价的不可预见性与竞争规则的指引性；道德实践的滞后性与竞争活动的进化性；道德规则的价值预设性与竞争过程的价值中立性。❷ 虽然其正确地指出了依赖良俗标准可能导致过多依赖法官个人的道德感，造成判决结果的不可预期，而且对于现代社会中出现的新问题，宽泛的公平正义观恰恰无能为力，甚至可能将司法导向错误方向，但其将"道德标准"等同于"行为人主观动机"，显然有失准确。如最高人民法院在"海带配额案"中指出，公认的商业道德既非个人品德，亦非一般的社会公德，而是一种商业伦理，其评价标准是所谓的经济人伦理标准，是指特定商业领域中的市场交易参与者普遍接受的行为标准。既然是"经济人伦理"，自然应当考虑竞争的需求和效果，这与上述学者所主张的"经济标准"或者"竞争标准"并不存在本质的对立。德国黑费梅尔教授对此有精辟的论述：这不取决于善良风俗的标准是什么，而在于

---

❶ 谢晓尧. 竞争秩序的道德解读——反不正当竞争法研究 [M]. 北京：法律出版社，2005：36-37.
❷ 蒋舸. 关于竞争行为正当性评判泛道德化之反思 [J]. 现代法学，2013(6)：85-95.

它应该是什么。❶ 一般认为，欧洲国家的正当性标准是社会价值意义上的正当性，赋予社会凝聚力以基本地位，公平的目标高于竞争目标。而英美国家则信奉一种基于经济理论的效率观念，强调相信市场选择能够使有成效的经营者脱颖而出，倾向于将竞争作为首要目标，只有在竞争者的行为非常极端时，才将公平作为考量因素。20世纪70年代以来，欧洲国家转向后一种效率标准❷。德国曾先后把善良风俗的标准理解为"理智的普通工商业者的礼仪感"和"理智的普通人的礼仪感"，区别在于保护范围的不同，前者限于保护竞争者，后者同时也保护其他市场参与者和消费者。之后又发展为"业绩竞争标准"，以经营交易中为竞争目的是否采用了阻碍与竞争对手进行真正的业绩比较的手段作为判断是否公平竞争的定位点。❸ 这种变化也体现出上述由强调公平到更强调效率的转变趋势。

德国学者对一般条款的功能有所谓的形式功能和实质功能的划分。形式功能是指一般条款在确保不正当竞争概念的周延方面所具有的补充功能、对法官的授权功能等，实质功能则指补充判断正当性的实质性标准。德国学者对实质性功能有诸多批判。对于善良风俗，道德与习惯是两条基本的解释进路，德国学者认为，首先多元社会中难以确认占支配性的价值；其次，

---

❶ 沃尔夫冈·黑费梅尔.通过司法和学说使《反不公平竞争法》的一般条款具体化 [M] //漆多俊.经济法论丛：第3卷.北京：中国方正出版社，2000.

❷ 保罗·纽尔.竞争与法律 [M].刘利，译.北京：法律出版社，2004：3-5；孔祥俊.反不正当竞争法的创新性适用 [M].北京：中国法制出版社，2014：68-69.

❸ 沃尔夫冈·黑费梅尔.通过司法和学说使《反不公平竞争法》的一般条款具体化 [M] //漆多俊.经济法论丛：第3卷.北京：中国方正出版社，2000.业绩竞争也称效能竞争，即是否以自己的商品或服务的优质优价或自己经营活动的业绩展开竞争。虚构自己的业绩或者阻碍竞争对手展示业绩是违反业绩竞争的两种典型方式。参见：范长军.德国反不正当竞争法研究 [M].北京：法律出版社，2010：115.

社会一般习惯的确认也没有意义;最后,经济领域中决定人们判断的主导因素显然不是道德,而是利益。甚至将德国反不正当竞争法中的"善良风俗"标准称为"招致不幸的规定"❶。基于上述认识,我国也有学者提出一般条款的实质功能应当弱化和自我限缩,认为应当以具体化知识代替指引性知识,以要件式规范代替写意性规范。❷ 但即使按照该学者观点,采用所谓的"法内标准"即竞争标准,也只是判断的标准发生了变化,而该标准仍然是一般条款本身所包含的,即一般条款具有实质功能这一点并没有变。并且,竞争行为是否扭曲了竞争仍然难以判断,与判断该行为是否符合道德相比,前者并不比后者更容易。❸ 法官仍然需要某种形式的指引。

本书认为,法官总是需要依照某种标准来判断一项未被具体规范所规制的行为是否构成不正当竞争,而且,所谓的道德标准与竞争标准也并非势如水火,本质上不相容。最高人民法院通过"经济人伦理标准",将商业道德标准客观化即为明证。当然,在明确一般条款的实质性标准时,如能确立某种"要件式规范",对于增强一般条款适用的确定性大有裨益。德国学者认为,确立悖俗侵权判例类型的最佳途径是奥地利学者威尔勃

---

❶ 于飞. 违背善良风俗故意致人损害与纯粹经济损失保护 [J]. 法学研究,2012 (4):43-60. 上述批判显然有言过其实之嫌,如前所述,德国反不正当竞争法一般条款在近 100 年的历史中发挥了重大作用,而且即使 2004 年法律修改为了"不正当"标准,学者也仍然认为并未有根本改变,且之前法院在"善良风俗"条款下确立的案例群基本都被修改后的法律所吸收进行明确列举。

❷ 蒋舸. 反不正当竞争法一般条款的形式功能与实质功能 [J]. 法商研究,2014 (6):140-148.

❸ 蒋舸. 关于竞争行为正当性评判泛道德化之反思 [J]. 现代法学,2013 (6):85-95.

格的"动态系统理论"❶,其核心是构建一个由各要素组成的动态系统,综合考虑相关要素以及要素之间的相互影响,以得出最后的结论。本书认为该方法在知识产权领域有较为成熟的适用模式,比如,商标法中"混淆可能性"的多因素判断方法❷,又如,在侵犯信息网络传播权案件中对网络服务商过错的判断方法❸等,故在对反不正当竞争法一般条款进行价值补充时,可以考虑该方法的指导,建立起包含各种考量因素的动态分析系统。

5.1.2 以涉及网络的新型不正当竞争纠纷为讨论背景

首先需要明确,本书所称的"涉及网络的新型不正当竞争纠纷"是指依托于网络技术和商业模式等的新类型不正当竞争行为,比如近年来屡屡引发争议的浏览器屏蔽视频广告纠纷、安全软件对搜索结果插标(添加安全警示)纠纷、搜索引擎未遵守 robots 协议纠纷等。由于反不正当竞争法具体条款无法涵

---

❶ 所谓"动态系统",其核心要义在于打破大陆法系法律调整中传统的"要件—效果"这一刚性模式,而代之以由各要素构成的动态系统。在该动态系统中,各要素不再是缺一即不发生法律效果的关系。相反,即使有一个要素欠缺,如果其他要素满足度够强,法律效果依然发生;同时也可能一个要素的满足度极高,此时即便其他要素满足度很低甚至有若干要素不满足,也不影响效果发生。参见:于飞. 违背善良风俗故意致人损害与纯粹经济损失保护 [J]. 法学研究,2012(4):43-60.

❷ 最高人民法院《关于审理商标授权确权行政案件若干问题的规定》第 12 条规定了在判断混淆可能性时的如下考虑因素:商标标志的近似程度;商品的类似程度;请求保护商标的显著性和知名程度;相关公众的注意程度以及其他相关因素。商标申请人的主观意图以及实际混淆的证据是判断混淆可能性的参考因素。

❸ 最高人民法院《关于审理侵害信息网络传播权民事纠纷案件适用法律若干问题的规定》第 9 条同样规定了要综合考虑以下因素:网络服务提供者应当具备的管理信息的能力;侵权信息的明显程度;网络服务提供者是否实施了主动的选择、推荐等行为;是否采取了预防侵权的合理措施;是否设置了便捷的接受侵权通知的程序以及是否及时作出合理反应;针对同一网络用户的重复侵权行为是否采取合理措施等。

盖，而大量求助于一般条款予以规范。对于只是发生在网络上的普通不正当竞争纠纷，如仿冒、虚假宣传或者商业诋毁等行为，事实上是传统的不正当竞争行为延伸到了网络，其行为性质与线下发生的同类行为并无不同，正常适用反不正当竞争法的具体规则即可解决，不是本书所要讨论的对象。

本书之所以将讨论对象限于涉及网络的新型不正当竞争纠纷，而非试图找出适用于所有权益保护以外的不正当竞争行为的判断标准，主要出于如下考虑。

（1）讨论对象更集中，更有针对性。单纯涉及行为正当性的纠纷具有更强的个案性，限于一定的范围可以使确定的考虑因素更加具体和明确。比如任何不正当竞争行为的确定可能都需要考虑对经营者、消费者和社会公众利益的影响，但在不同的纠纷背景下各种利益的表现和影响均会有所不同。

（2）从解决实践中突出问题的角度，涉及网络的新型不正当竞争纠纷引发了更多的争议。在涉及网络的不正当竞争纠纷大量出现之前，法院适用一般条款处理的案件大多数与权益保护有关，涉及商业行为正当性的案件并不多见。[1] 有观点认为，一般条款主要用于解决字号争议、姓名或形象的商业化保护、域名争议、边缘性作品保护等领域内的纠纷时，其适用并未引起太多的争议。[2] 而根据北京市高级人民法院所做统计，北京法院系统 2010~2015 年 4 月期间判决的涉及网络的不正当竞争案

---

[1] 谢晓尧. 在经验与制度之间：不正当竞争司法案例类型化研究 [M]. 北京：法律出版社，2010：124.
[2] 余晖.《反不正当竞争法》第二条适用的考量因素 [J]. 竞争政策研究，2016(4)：12-18.

件中，一般条款案件占 37%❶。北京市海淀区人民法院调研报告中提到：2012~2016 年的近五年期间，该院审理的不正当竞争纠纷案件中，涉及网络的纠纷案件占 2/3。其中无法归入具体案由的新型不正当竞争纠纷案件数量不断增长，2012 年受理该类案件 13 件，2015 年已达 93 件，占该院受理网络不正当竞争案件的 58%。❷ 涉及一般条款适用的新型网络不正当竞争案件不但数量日益增加，也由于其往往涉及网络技术的新发展和新的商业模式，对当事人和行业影响较大，而对于迅速发展的新事物，行业及社会都尚未形成普遍接受的行为规范，对同一行为的评价甚为悬殊。这些特点对审理案件的法院也造成了较大挑战，一方面涉及技术的事实查明比较困难，另一方面对竞争行为合法性的法律评价更显复杂和困难，也更容易引发争议。

（3）涉及网络的新型不正当竞争纠纷与互联网技术和商业模式发展关系密切，相对于传统不正当竞争纠纷而言，具有一些影响判断行为正当性考量因素的特点。比如，此类纠纷往往牵涉多方利益主体，用户利益凸显但地位脆弱。虽然早在网络不正当竞争纠纷出现之前，人们已普遍认识到"现代反不正当竞争法有三重保护目的，既保护竞争者利益，又保护消费者和公众利益"❸。但在传统的不正当竞争纠纷中，商业秘密纠纷更多是经营者之间的利益冲突，很少直接与消费者有关，仿冒、虚假宣传等虽然与消费者有较为直接的联系，但其影响范围和

---

❶ 陶钧. 涉网络不正当竞争纠纷的回顾与展望（一）——近五年北京法院审判的总体概况 [EB/OL]. 微信公众号"知产力"，[2015-5-15]. 其余主要的案件类型占比分别为：虚假宣传 12.4%，混淆 24.7%，商业诋毁 25.9%。

❷ 北京市海淀区人民法院关于网络不正当竞争纠纷案件的调研报告（一）[EB/OL]. 微信公众号"知产力"，[2016-8-10].

❸ 世界知识产权组织国际局. 世界反不公平竞争法的新进展 [M] // 漆多俊. 经济法论丛：第 1 卷. 北京：中国方正出版社，1998：279-337.

程度与网络环境下相关行为对用户的影响不可同日而语。现代反不正当竞争法虽然强调对消费者利益的保护，却采取了与商标法类似的做法，并不赋予消费者直接提起不正当竞争诉讼的权利。商标权人提起诉讼制止侵权行为，在维护商标权人利益的同时，也维护了消费者不受来源混淆的利益，这被认为是商标法的"一个聪明的做法"❶。反不正当竞争法中也同样通过对不正当竞争行为的制止来达到保护消费者利益的目的。但网络环境下一方面网络用户对于经营者提供的各类产品和服务依赖性日益加强，另一方面由于路径依赖、技术门槛等原因，用户相对于经营者尤其是大型网络服务提供者，地位较之传统领域更为脆弱。这一特点提醒我们在相关纠纷中尤其要对网络用户的利益加以关注和考虑。当然，用户的利益并非所有意义上的"利益"（比如，获得免费视频的利益并非此处需要考虑的用户利益），而一般指用户的知情权、选择权，以及用户作为公众可以从自由竞争、公平竞争的市场中获得的利益。

（4）2017年《反不正当竞争法》互联网条款能解决的问题有限。前已述及，所谓的互联网条款所列举的前两项行为相对较为具体，基本都有实际案例的支撑，较多观点认为，从经营者的角度，通常会回避法律已经明确禁止的行为，故实践中应该很少会再出现这样的纠纷，这也是有观点认为前两项规定难逃"出生即死亡"命运的原因。第（三）项中关于"恶意对他人产品实施不兼容"的规定过于宽泛，第（四）项兜底条款也缺乏对行为是否正当的实质性考量因素，为避免对经营者经营自由干扰过多，在适用时仍需根据一般条款补充相应的条件。

---

❶ 李明德. 美国知识产权法 [M]. 2版. 北京：法律出版社，2014：566.

5.2 适用一般条款的考量因素——构建网络不正当竞争案件的动态分析系统

"互联网不仅已经改变了我们的生存方式、商业行为和娱乐方式,还改变了——并在继续改变着——我们实践法律的方式和我们所实践的法律。"❶ 互联网领域的竞争与营利模式与传统领域有较大区别,基础服务免费、增值服务收费的模式较为普遍,用户为王、流量为王,创新速度快。经营者行为的影响往往是多向度的,对竞争者的影响、对消费者的影响以及对整体竞争秩序的影响,短期影响以及长期影响,可能相互交织,难以认定。上述特点决定了,对涉及网络的新型不正当竞争案件,正适合于"一种对利益进行权衡的不正当竞争概念"❷。所谓的权衡,通常表现为对各种考量因素的综合评估,构建一个如奥地利学者威尔勃格所主张的"动态系统",既充分考虑到网络环境和网络竞争行为的特点,又符合反不正当竞争法促进竞争和维护公平竞争的目标。

5.2.1 经营者利益考量

经营者是市场竞争的参与者,经营者利益是反不正当竞争法直接的保护对象,竞争行为对经营者利益的影响是正当性判断的逻辑起点。

---

❶ 依恩 C. 巴隆. 电子商务与互联网法 [M]. 张平, 译. 北京: 中国方正出版社, 2005: 1.
❷ 世界知识产权组织国际局. 世界反不公平竞争法的新进展 [M] //漆多俊. 经济法论丛: 第 1 卷. 北京: 中国方正出版社, 1998: 279-337.

1. 所要求保护的利益

虽然如前所述，此处所关心的网络不正当竞争案件并不包括发生在网络中的对他人权利（如商标权）或权益（如字号等）的侵害行为，但具体案件中，原告通常也会主张自己享有某种合法正当的利益，被告的行为损害了该利益。

比如，在"优酷诉猎豹浏览器屏蔽视频广告案"（以下简称"猎豹浏览器屏蔽广告案"）中❶，一审法院认为：优酷网的商业模式是正当的，由该商业模式产生的正当利益受到法律保护。二审法院也认为：原告合法的经营活动受到反不正当竞争法的保护。上海知识产权法院在类似案件中认为：法律保护的并不是商业模式本身，而是依托商业模式进行经营活动而获取的营业利益。❷

最高人民法院在"腾讯诉360扣扣保镖案"（以下简称"扣扣保镖案"）不正当竞争案中同样认为：本案争议发生时，我国互联网行业惯常采用免费平台与广告或增值服务相结合的商业模式，该经营方式和商业模式不违反法律的原则精神和禁止性规定，符合我国互联网市场发展的阶段性特征，经营者的相关利益应受到保护。❸

明确受保护的是依托某商业模式所可能获得的商业利益，说明法院认识到"商业模式"本身并非能够受到保护的对象❹，但是，需要谨慎把握界限，才能保证上述区分具有实际意义，

---

❶ 北京市第一中级人民法院（2014）一中民终字第3283号民事判决书。
❷ 上海知识产权法院（2016）沪73民终75号民事判决书。
❸ 最高人民法院（2013）民三终字第5号民事判决书。
❹ 关于商业模式本身不能受到保护这一点有较大程度的共识。比如，有观点认为，视频网站"免费视频+广告"的商业模式本质上是一种商业谋利思路，属于思想范畴的内容。商业模式并不具备当然获得法律保护的资格或条件。参见：董慧娟，周杰. 对浏览器过滤视频广告功能构成不正当竞争的质疑［J］. 电子知识产权，

而并非文字游戏。前文关于权利与权益区分保护的讨论最基本的结论就是,对于利益的损害并非当然能够得到补偿,应该将损害确立为中性,而不能直接由损害得出行为不正当的结论。当然,原告为获得该经营利益所付出的成本越高、该利益对原告越重要,该因素在认定行为具有不正当性方面的参考值会越大。

2. 被告行为对该利益的影响

同样在"猎豹浏览器屏蔽广告案"中,二审法院认为:原告经营活动及其商业模式是否变化以及如何变化不应仅受制于其他经营者的破坏活动。在良性有序的市场竞争中,经营者对其经营活动及商业模式的改变或改善,应来源于其他经营者经营活动的影响而非破坏。所谓影响,是指经营者通过发展并改善自己的经营活动从而客观上对于其他经营者的经营活动产生影响。相比同业经营者,这一原则对于非同业经营者更为重要。因为其他行业的经营情形对于该经营者所处行业以及该经营者自身利益通常不会产生实质性影响,该经营者在实施破坏行为时通常不会考虑可替代的商业模式,这一破坏行为很可能对另一行业的生存造成致命影响。

法院将竞争行为对他人的"影响"与"破坏"进行了区分,是否以影响的大小为区分标准并不十分清楚,但是认为非同业竞争者的"影响"更容易成为"破坏"。"不必考虑替代性商业模式"这个原因是否足以导致上述结论,似乎需要基于实

(接上注)
2014(12):50-57. 谢晓尧教授在华东政法大学知识产权研究中心与上海律师协会知识产权委员会等共同举行的专题沙龙发言认为,商业模式应多样化,不应通过界定产权来保护。参见:谢晓尧. 浏览器拦截或快进广告侵权吗?[N]. 中国知识产权报,2014-3-28(10).

证的支持。虽然法院对该行为对视频网站、对用户的影响都试图进行了分析，但最基本的，屏蔽广告软件对视频网站的影响究竟有多大，基本仍基于推测，比如一旦认定"广告+免费视频"的商业模式合法，即认定屏蔽广告是对该模式的破坏。而即使在最新的否定屏蔽广告为不正当竞争行为的判决中❶，其认为网络用户使用广告屏蔽功能虽造成广告被浏览次数的减少，但只损害竞争对手的部分利益、影响部分网络用户的选择，还达不到特定的、影响其生存的程度，不构成对原告利益的根本损害。但是该结论如何得出，似乎也仍然只是推测。由于经济分析方法尚不普及，案件中也较少获得相关统计数据的支持，法官对相关问题的判断尚具有一定的主观性。

部分案件中，法院从对原告损害大小方面对被告的行为进行了区分，超过必要限度的认定为不正当竞争，而轻微损害则不构成。如"大众点评诉百度地图和百度知道使用点评信息不正当竞争纠纷案"（以下简称"大众点评诉百度案"）中❷，法院认为：

"百度公司通过搜索技术大量抓取大众点评网的信息，并进行全文展示，该行为实质替代了大众点评网的相关服务，超过了必要的限度。虽然该行为能够实现一定的积极效果，但该效果与对原告造成的损失相比，不符合利益平衡的原则。不仅损

---

❶ 北京市朝阳区人民法院（2017）京0105民初70786号民事判决书。该判决于2018年1月26日作出，目前处于上诉阶段。广州黄埔区法院审理的（2017）粤0112民初737号湖南快乐阳光互动娱乐传媒有限公司诉广州唯思软件股份有限公司不正当竞争纠纷亦作出了浏览器屏蔽视频广告并不构成不正当竞争的结论，该案同样处于上诉阶段。该案更多强调了商业模式所带来的利益本身并非一种法定权利，并非利益受损即可获得救济。法院认为该案中被告浏览器中屏蔽视频广告的插件并非专门针对原告而开发，对原告不具有特定的恶意，没有违反行业公约中的禁止性规定，故不具有不正当性。

❷ 上海知识产权法院（2016）沪73民终242号民事判决书。

害原告利益，还可能打击进行信息收集的市场主体继续投入的意愿，从而对竞争秩序产生负面的影响。

"百度地图在早期版本中未全文显示来自大众点评网的信息，且使用的数量有限，这种使用行为尚不足以替代大众点评网提供用户点评信息服务，不会造成实质损害，不违反诚信原则和公认的商业道德。"

该案中，法院强调了竞争行为是否给行为人带来竞争优势或者足以给其他经营者造成损害，是构成不正当竞争行为的条件。如果行为没有造成实际损害，或者损害极其轻微，司法没有必要进行干预。

3. 被告的竞争需求

经营者参与市场竞争是逐利性的经营行为，其增强自身竞争优势的目的及动机是正常的和正当的，竞争具有天然的对抗性和损人利己的特点，在考虑行为正当性时亦应充分考虑到被告的竞争需求。比如"猎豹浏览器屏蔽广告"案中，二审法院认为：鼓励经营者通过对自身经营活动的改善创新而进行的竞争，但不能破坏他人的经营活动。但"改善自身经营活动"与"破坏他人经营活动"之间可能并非简单的非此即彼的关系，正如二审法院对同业经营者和非同业经营者的区分，如果说同业经营者之间可能还相对容易划分的话，比如提供更优质的产品或服务，可以与其他竞争者的经营活动毫无关系，非同业经营者之间，改善自身经营活动就有可能进入其他经营者的经营活动领域，比如浏览器经营者增加广告过滤功能，如何能认定其是"对视频网站经营活动的破坏"，而否定"是对自身经营活动的改善"呢？

在考虑被告的竞争需求时，不宜强调行为人的主观意图在判断行为正当性方面的作用和影响。竞争行为是对市场机会的争夺，

"损人利己""此消彼长"是市场竞争的常态,尤其是在互联网这样一个竞争激烈的领域。一方面,经营者的竞争行为本身经常为技术手段所包裹,除非是明显地仅针对特定竞争者的行为,一般均难以判断其意图;另一方面,既不能将竞争者增加自身竞争优势的意图视为不正当,也不能因其声称系为了消费者利益或公共利益即使得其行为正当性得到背书。现代法治的基本出发点在于法治的客观性,评价的对象只能是行为的客观效果,而不是行为人的主观动机。❶

4. 原告是否具有避免损害的措施及采取措施的成本

在前述"大众点评诉百度"案中,法院认为原告网站上的点评信息是其付出巨额成本长期运营的成果,是其核心竞争资源之一。百度公司未经许可从原告网站上获取点评信息,实质上替代原告向用户提供信息,给原告造成实质性损害,构成不正当竞争。有学者对该判决提出批评:该认定未考虑所涉信息是否应该保护、以何种方式保护有利于降低市场成本等深层因素。信息的互联互通是网络环境的基本特征,除受到著作权法等专门保护外,信息的拥有人如果不愿被他人抓取和利用,应自行采取必要的技术措施,如 robots 协议之类,这类自我保护措施既有效,成本又低,充分体现了"市场的归市场""技术的归技术"的理念,与司法的干预相比,更有利于维护竞争自由和效率。❷ 显然,原告可以很方便地采取既有效又低成本的措施来

---

❶ 蒋舸.《反不正当竞争法》一般条款在互联网领域的适用 [J]. 电子知识产权,2014(10):44-50.

❷ 孔祥俊. 论反不正当竞争法的竞争法取向 [J]. 法学评论,2017(5):18-31. 事实上,法院对 robots 协议的问题亦有相关认定。该案一审法院认为:robots 协议是互联网行业普遍遵守的规则,搜索引擎违反 robots 协议抓取内容,可能会被认定为违背公认的商业道德,构成不正当竞争。但并不能因此认为,搜索引擎只要遵守 robots 协议就一定不构成不正当竞争。robots 协议只涉及搜索引擎抓取网站信息的

避免损害是学者认为法院不应干涉的主要理由。

5. 被告的行为是否歧视性针对原告

一般来说，经营者的潜在竞争对手是市场上所有的其他经营者，其竞争行为亦应该针对整个市场而非针对特定对象，如果某项竞争行为针对特定主体，或者对不同的主体给予不同待遇，其行为的正当性被质疑的可能性也会相应上升。❶

在"百度诉奇虎在部分搜索结果添加警示图标不正当竞争纠纷案"（以下简称"百度诉奇虎插标案"）中❷，根据一审法院所查事实：如果分别使用百度和 google 两个搜索工具，360 安全卫士仅在百度搜索结果页面中添加了安全警示图标，而 google 搜索结果中同样的网站并没有被标示，该种区别对待很大程度上减弱了其所称插标的必要性和合理性。

在金山诉优酷歧视性对待猎豹浏览器案中，一、二审法院均认为，在猎豹浏览器过滤优酷网视频广告期间，优酷采取不兼容措施可以视为正当的防御行为。但是，猎豹浏览器停止该行为后仍继续进行歧视性的不兼容，构成不正当竞争。一审法院认为：经营者应当平等对待其他经营者，才能使相关消费者利益受到平等的尊重。歧视性对待行为，主观故意明显，违背了公认的商业道德。

二审法院认为：对猎豹浏览器采取区别于其他浏览器的限

（接上注）
行为是否符合公认的行业准则的问题，不能解决搜索引擎抓取网站信息后的使用行为是否合法的问题。当然，存在不同观点不影响将该因素作为一项考量因素。

❶ 陶钧. 涉网络不正当竞争纠纷的回顾与展望（十九）——"一般条款"的理解与适用（V）[EB/OL]. 微信公众号"知产力"，[2015-11-20].

❷ 北京市高级人民法院（2013）高民终字第 2352 号民事判决书，奇虎公司申请再审，最高人民法院以（2014）民申字第 873 号民事裁定书驳回再审申请。

制措施，且缺乏正当理由，违反诚实信用原则。❶

法院的论述均比较简单，也可视为法院认为该行为不正当性非常明显，无需过多论证。❷

在浏览器屏蔽视频广告案件中，是否针对特定视频网站也是争议的一个焦点。在"猎豹浏览器屏蔽广告案"中，一审法院从技术的可能性方面认为针对性开发的可能性较大：视频网站的视频广告通常具有不同特征，视频广告过滤软件的开发者一般需要对某一或某些视频网站进行针对性开发设置。猎豹浏览器具备过滤优酷网视频广告的功能，针对性开发配置的可能性较大。

二审法院对该认定亦予以维持。而在"世界之窗浏览器屏蔽广告案"中，法院认为被告浏览器的过滤、屏蔽广告功能不具有对原告的直接针对性，也是该案认定行为不具有不正当性的理由之一。

总之，在经营者之间的利益衡量中，原告享有某种合法的利益，而被告的行为对该利益造成了损害这一事实本身，基本只能作为不正当竞争案件分析的起点，损害并不能直接推论得出行为不正当的结论。当然，原告为获得该经营利益付出了大量的成本，被告实质性的损害该利益等因素，会增加对该行为认定为不正当的砝码。而原告可以很方便地采取某种预防措施且成本很低，则是不利于认定被告行为构成不正当竞争的因素。如果被告的行为只针对特定的经营者或者对特定经营者有其他

---

❶ 北京市第一中级人民法院（2014）一中民终字第3207号民事判决书。

❷ 该案中体现出在浏览器屏蔽广告纠纷中，视频网站有途径采取技术反制措施，但对于该反制措施是否是好的解决问题的方式有不同的看法，有观点认为其可能导致"技术丛林"。存在争议的原因一定程度上是因为所涉及的技术措施并非像robots协议那样成为行业广为接受的标准。

的歧视性对待，其行为的不正当性则大大增强。被告作为市场竞争的参与者，其并不负有维护他人经营模式或经营利益的义务，被告正当的竞争需求应得到考虑。一定范围内的自力救济是被认可的，但不能超过必要限度。

5.2.2 消费者利益及公共利益衡量

在竞争法的评价框架内，消费者利益是一个重要的具体化要素[1]。消费者是竞争行为的作用对象，是竞争结果的承受者，提升消费者福利是竞争的目标，当然也是反不正当竞争法的目标。在判断竞争行为正当性方面，行为对消费者知情权和选择权的影响更具有意义[2]，而仅仅对消费者的用户体验等的影响，法院一般认为通过市场可以自行解决，法律不宜轻易进行干预，如在360与百度公司之间的另一起不正当竞争纠纷案件中[3]，法院认为：

百度公司未在自己经营的网站中提供360系列软件下载本身，尽管可能是一个令用户失望的选择，但该行为本身会降低用户体验和评价，在竞争相对充分的市场，消费者可通过其选择影响企业的决策。故该行为是法律所允许的企业自由选择权的范畴。

但是，法院对被告影响用户知情权和选择权的行为认定为构成不正当竞争：被告明知网站内搜索不存在360系列软件的情况下，仍然将360系列软件的软件列表展示在搜索结果中，未在搜索结果中明确表明站内并不存有360系列软件，不恰当

---

[1] 沃尔夫冈·黑费梅尔. 通过司法和学说使《反不公平竞争法》的一般条款具体化 [M] //漆多俊. 经济法论丛：第3卷. 北京：中国方正出版社，2000.

[2] 朱理. 互联网领域竞争行为的法律边界：挑战与司法回应 [J]. 竞争政策研究，2015（4）：11-19.

[3] 北京市第二中级人民法院（2014）二中民（知）初字第9577号民事判决书。该案一审生效。

地隐瞒了用户赖以决策的信息。点击搜索结果链接后，自动跳转到相关的百度系列软件或其他百度推荐的软件下载页面，扭曲了消费者正常的决策机制。上述行为增加了自己推荐产品的交易机会，造成了奇虎公司、奇智公司相关软件下载量的损失，违反了公平竞争和诚实信用原则。

在浏览器屏蔽视频广告的案件中，对消费者福利的影响也是争论的一个焦点。被告往往会以"消费者利益"作为其行为不具有不正当性的抗辩事由，但其实，如上所述，由于视频广告一般只影响用户体验，这方面的消费者利益更多应该通过市场竞争方式自行解决，被告行为并不因为可以满足消费者此种需要便获得正当性，而法院关于"可能导致视频网站全部采用收费模式，从而长远上损害消费者利益"的推论也同样缺乏依据。❶ 目前视频网站普遍采用"收费会员"或者"免费+广告"的经营模式，但不能由此认为观看免费视频的用户负有某种观看广告的义务❷，该观点缺乏法律依据❸。前述"世界之窗浏览器屏蔽广告案"中，法院也持同样态度。该案中论述了与消费者利益有关的两个方面：其一，判决书中详细描述了网络用户选择是否屏蔽广告、选择何种屏蔽方式的过程，说明被告未将过滤视频广告选项作为默认选项，并非直接、无选择地屏蔽视频广告，从消费

---

❶ 关于视频网站广告可能的模式，有学者文章中介绍了"用户自行跳过广告"的 YouTube 模式和"用户自己选择观看广告"的 Hulu 模式。参见：董慧娟，周杰. 对浏览器过滤视频广告功能构成不正当竞争的质疑 [J]. 电子知识产权，2014（12）：50-57.

❷ 在涉及净网大师屏蔽广告软件的案件中，一审法院认为：原告的经营模式不违背法律，虽无法定利益，但对于消费者产生约定利益。原告提供的两种选择，实际上是向不特定用户发出的两种不同内容的邀约，一旦选择即构成承诺。但二审未认定"约定利益"，应视为未采纳一审该观点。参见（2016）沪 73 民终 75 号民事判决书。

❸ 张广良. 具有广告过滤功能浏览器开发者的竞争法责任解析 [J]. 知识产权，2014（1）：8-11.

者充分行使了知情权和选择权的角度认定被告对该设置不具有主观故意;其二,法院认为,网络用户在浏览免费视频时不负有观看广告的义务,用户存在选择权,而这种选择权要通过网络服务商的产品或者商业模式来实现,从帮助用户实现选择权的角度认可了被告制作使用屏蔽软件的竞争需求。上述分析过程中也体现出各种考虑因素之间是有交织的,可能相互产生影响。

反不正当竞争法维护公平竞争,促进有效竞争,最终目的是"保障市场经济健康发展",即维护社会公共利益。但公共利益不能泛泛理解,如黑费梅尔教授所说,公共利益如果等同于某个或多个阶层的局部利益,就不具有独立的评价竞争行为的意义。❶ 在竞争案件中对公共利益的考量主要是指公众对于不受扭曲的市场竞争本身的利益,而并非如前述的消费者保护等利益。❷ 对正当性的判断中,经营者行为对于竞争效果的影响有着越来越重要的作用,前述对于经营者和消费者利益衡量的各因素中均贯穿了对健康的市场竞争机制的影响的考量。

5.2.3 行业规范、技术规范等体现的商业道德

最高人民法院在司法政策中将商业道德解释为具有客观性的行为标准,并且在特定商业领域内被相关经营者所普遍认同

---

❶ 沃尔夫冈·黑费梅尔. 通过司法和学说使《反不公平竞争法》的一般条款具体化 [M] //漆多俊. 经济法论丛: 第3卷. 北京: 中国方正出版社, 2000.

❷ 有学者认为我国实践中所提出的"非公益必要不干扰"原则反映了对反不正当竞争立法目的中"公共利益"的理解过于模糊。在私人主体之间适用法律规范,双方的合法权益才是衡量标准。参见: 柴耀田. 反不正当竞争法一般条款的体系化功能——德国 2015 年《反不正当竞争法》改革对中国修法的启示 [J]. 电子知识产权, 2016 (10): 16-26. 另有学者也认为,不正当竞争行为本质上是私人主体之间的利益划界和平衡问题,与公共利益并无密切关系。"非公益必要不干扰"原则赋予了该因素一个不合理的权重,影响法官进行正确的利益衡量和价值判断。参见: 薛军. 质疑"非公益必要不干扰原则"[J]. 电子知识产权, 2015 (1): 66-70.

和接受。❶ 在互联网领域，虽然由于发展变化迅速，很多行为尚未形成公认的评价标准，但互联网领域较之其他领域一个突出的特点在于，行业内形成了比较多的行业规范、自律规范等，同时互联网基于一系列的技术协议和技术规范产生，这些都可以作为发现互联网领域商业道德的重要渊源。

在"扣扣保镖案"中，最高人民法院认为：行业协会和自律组织制定的行业内从业规范，在较为普遍的意义上可以反映和体现行业内公认的行为标准。如果相关内容合法、公正、客观，法院可以将其作为发现和认定公认商业道德的重要参考依据。

在百度公司诉奇虎公司违反 robots 协议抓取百度网站内容等不正当竞争纠纷案中（以下简称"robots 协议案"）❷，法院对《互联网搜索引擎自律公约》（以下简称《自律公约》）以及 robots 协议在证明行业内公认商业道德和行为标准的作用方面给予了充分考虑。

《自律公约》是在行业协会的组织下达成的行业共识，占有搜索引擎行业内绝大部分市场份额的企业均为参加者，robots 协议是搜索引擎行业内的通行规则，反映了公认的商业道德和行为标准。被告推出搜索引擎服务之初没有遵守原告网站的 robots 协议，行为明显不当。

对浏览器屏蔽广告是否行业惯例这一问题的不同认识也是导致"世界之窗浏览器屏蔽广告案"得出与"猎豹浏览器屏蔽广告案"不同结论的原因之一。在"世界之窗浏览器屏蔽广告

---

❶ 最高人民法院《关于充分发挥知识产权审判职能作用推动社会主义文化大发展大繁荣和促进经济自主协调发展若干问题的意见》（法发〔2011〕18 号）第 24 条。

❷ 北京市第一中级人民法院（2013）一中民初字第 2668 号民事判决书，该案被告上诉后又撤回，一审判决生效。

案"中，法院认为：原告自己的浏览器亦提供屏蔽广告选项，说明浏览器具有广告过滤功能是行业惯例，是一种通用功能，具有一定的普遍性，达到了行业通行的程度。在该功能不针对任何主体的前提下不能当然认定其行为具有不正当性。

"猎豹浏览器屏蔽广告案"的法院则认为：证据显示一些浏览器具有过滤广告的功能，但该过滤功能并非针对视频广告，不能证明视频广告过滤功能是行业惯例。

除最终认定的结论不同之外，两案中法院其实均只是将行业惯例作为判断行为正当性的参考标准之一，仍然要将其纳入法律规定的标准之中进行考虑。

在"百度诉奇虎插标案"中，法院同样借鉴了技术上的"最小特权"原则对经营者的行为进行规范，最高人民法院认为：安全软件在计算机系统中拥有优先权限，但应遵循"最小特权"原则，即安全软件对用户以及其他服务提供者的干预行为应以"实现其功能所必需"为前提，审慎运用其"特权"。

有学者认为，是否为行业共同遵守本身并不等同于是否正当，robots 协议可以成为判断正当性的标准，理由应基于其被广泛遵守背后有着市场的正当性，而不是由于其取得了行业惯例的地位。❶ 如前述案例中法院所论述，法院并未将行业规范、技术规范等自动认定为商业道德而赋予其法定行为规范的地位，而是在论证了相关内容合法、公正、客观的基础上，才作为认定商业道德的参考，即并未缺失"追问正当性"的根本环节。❷ 对于行业规范、技术规范，可能更多需要考察其制定的主体、过程、行业内的接受程度，是强制性规范还是推荐性规范等方面，而对于行业惯例，更需要在确认其合理、合法的情况下才

---

❶❷ 蒋舸.《反不正当竞争法》一般条款在互联网领域的适用 [J]. 电子知识产权，2014（10）：44-50.

能作为参照，因为"某个商业部门通常接受的行为可能被其他市场参与者视为不当"❶。

正如有些法官所总结的那样，在网络不正当竞争案件中，尤其对一般条款的适用，"多角度综合评价渐成趋势"❷。诚信原则和商业道德的评价与竞争效果的评价并不冲突，行为的正当性要综合考虑对竞争者利益的影响、对消费者利益的影响和对竞争秩序的整体影响后才能得出结论，互联网行业内得到普遍认可和遵守的行业规范、技术规范等可以成为法院认定商业道德从而判断行为正当性的参考因素。本书所列举的若干因素构成分析的"动态系统"，行为是否构成不正当竞争是综合考量各因素以及因素之间的相互影响后得出的结论。❸

5.3 竞争关系

竞争关系在目前的不正当竞争案件中是一个尴尬的存在。一方面，主流观点认为双方之间存在竞争关系是适用反不正当竞争法的前提；另一方面，主流观点又认为竞争关系应做广义理解，只要被告的行为违背了《反不正当竞争法》第2条规定

---

❶ 世界知识产权组织国际局. 世界反不公平竞争法的新进展 [M] //漆多俊. 经济法论丛：第1卷. 北京：中国方正出版社，1998：279-337.

❷ 朱理. 互联网领域竞争行为的法律边界：挑战与司法回应 [J]. 竞争政策研究，2015（4）：11-19.

❸ 有学者认为，法院不应通过扩张竞争关系范围不加限制地适用《反不正当竞争法》第2条，不适当地行使自由裁量权干扰自由竞争。应适用侵权责任法，进行精细的利益考量。参见：李扬. 互联网领域新型不正当竞争行为类型化之困境及其法律适用 [J]. 知识产权，2017（9）：3-12. 但是，适用侵权责任法同样需适用一般条款，而在反不正当竞争法一般条款下同样可以进行精细的利益考量。况且，反不正当竞争法从侵权责任法中独立，如《美国反不正当竞争法第三次重述》的解释，目的是更加强调竞争自由，竞争带来的损害并不被视为侵权的初步证据（prima facie），本身有利于避免竞争者承担过多责任而不是相反。

的竞争原则，就可以认定具有竞争关系。❶ "竞争关系已经不再是认定不正当竞争行为的障碍"。❷ 学者认为，司法实践中对竞争关系的广义理解，虽然尚未完全抛弃该外衣，但已实质上达到了不再要求竞争关系的效果。❸ 在涉及网络的不正当竞争案件中这一点表现得尤为突出。几乎所有的案件中被告都以与原告不存在竞争关系为由进行抗辩，法院也花费大量笔墨来论证双方之间存在竞争关系。但如前所述，广义的竞争关系理论实际上将"是否存在竞争关系"的问题演变为"被告行为是否有可能构成不正当竞争"，即与不正当竞争行为的实体判断合二为一，事实上已经不再要求"竞争关系"，诸多论述不仅毫无必要，反而容易节外生枝。

法院论证广义竞争关系的理由可以概括为两个方面：第一，反不正当竞争法自身的发展和变化。反不正当竞争法的立法目标从保护经营者利益向保护消费者利益和维护公共利益拓展，仅调整同业竞争关系，难以充分实现反不正当竞争法的立法目标。❹ 第二，经济形态的变化。互联网时代竞争的本质是对网络用户的争夺，即使双方的产品或服务没有直接的替代关系，但只要双方在用户、商业机会方面存在此消彼长的可能性，就存在竞

---

❶ 《加大知识产权司法保护力度依法规范市场竞争秩序》，时任最高人民法院副院长曹建明在全国法院知识产权审判工作工作座谈会上的讲话（2004-11-11）。
❷ 朱理.互联网领域竞争行为的法律边界：挑战与司法回应 [J]. 竞争政策研究，2015（4）：11-19.
❸ 孔祥俊.论反不正当竞争法的新定位 [J]. 中外法学，2017（3）：736-757.
❹ 如"千寻影视软件屏蔽视频广告案"中，一审法院认为：如将竞争关系局限于同行业竞争，难以实现反不正当竞争法的立法目的，只要双方在最终利益方面存在竞争关系即可认定。二审法院认为：竞争关系是广义上的，只要违背第2条的竞争原则即可认定竞争关系。参见：上海知识产权法院（2016）沪73民终54号民事判决书。

争关系❶。第二点理由似乎只涉及网络环境下的不正当竞争案件，但事实上，如果认为只要有可能构成不正当竞争行为，就视为具有竞争关系，即使不涉及网络，在传统的不正当竞争纠纷中也同样应该采用广义的竞争关系说。

5.3.1 竞争关系是否是认定不正当竞争行为的前提

虽然司法实践中普遍的观点是，双方之间存在竞争关系是认定不正当竞争行为的前提，但真正论述原因的不多，只是理所当然地接受了这一观点。比如最高人民法院的司法政策性文件中曾经提到："存在竞争关系是认定构成不正当竞争的条件之一。认定不正当竞争除了要具备一般民事侵权行为的构成要件以外，还要求存在竞争关系。"❷ 其中并未说明理由。"猎豹浏览器屏蔽视频广告案"中有如下论述：存在竞争关系是构成不正当竞争行为的前提。只有具有竞争关系的经营者的竞争行为才可能会对其他经营者的经营活动造成损害。该案认为，认定竞争关系有两个条件：第一，行为有可能损害其他经营者的利益；第二，行为人因此而获得现实或潜在的竞争利益。上述说理明显存在循环论证的问题——具有竞争关系才会对他人造成损害，损害他人（利己）则具有竞争关系，损害与竞争关系之间互为了前提。

另有观点将竞争关系认为是反不正当竞争法与侵权法的适用分界线，但其反对将竞争关系广义理解为"对市场机会的争夺"，认为广义竞争关系的观点会使得反不正当竞争法"将手伸

---

❶ 如"看客影视软件屏蔽视频广告案"中，一审法院认为：只要经营者之间存在对特定商品或服务交易机会或交易人群的争夺，形成了此消彼长的市场份额占有格局，即应当认定相互间具有竞争关系。参见上海知识产权法院（2016）沪73民终68号民事判决书。

❷《加大知识产权司法保护力度依法规范市场竞争秩序》，时任最高人民法院副院长曹建明在全国法院知识产权审判工作工作座谈会上的讲话（2004-11-11）。

进侵权法守备的疆土",取侵权法而代之。❶ 但是,反不正当竞争法从侵权法发展而来,其独立于侵权法存在的原因应该是其具有独特的调整对象,即其适用于市场竞争行为,使得其具有不同于一般侵权行为的专门化规则,是否是竞争行为才是反不正当竞争法与侵权法的区分界限,而非当事人之间是否存在竞争关系。况且,上述将竞争关系仅限于狭义的同类竞争关系的观点显然已经不为实践所采纳。

从我国反不正当竞争法的规定来看,其本身并未出现"竞争关系"的要求,在广义竞争关系的解释下,事实上相当于放弃了竞争关系的要求。基于此种现实,本书认为可以放弃名义上的竞争关系要求,从理论上并无障碍,而且可以节约当事人和法院在此问题上无谓的主张和论证负担,使得真正的问题得以浮现,比如所涉及的是否是竞争行为、原告是否具有诉讼主体资格或者是否有权要求损害赔偿等,并且能避免因为认定当事人之间不存在竞争关系而放弃了对行为正当性的实质审查。

5.3.2 竞争关系与竞争行为

反不正当竞争法适用于竞争行为,指经营者从事的以竞争为目的的商业行为,此种商业行为应从最广泛的含义上理解,其营利目的可以是直接或者间接的,其获取的利益既可以是增加了竞争一方的竞争优势,也可以是破坏对方的竞争优势。德国学者认为:竞争行为有客观和主观两方面的要求,前者指行为人从事了足以使自己或他人的竞争不利于竞争对手的竞争行为,后者指行为人具有促使自己或他人的竞争不利于竞争对手

---

❶ 李扬. 互联网领域新型不正当竞争行为类型化之困境及其法律适用 [J]. 知识产权, 2017 (9): 3-12.

的竞争意图。❶ 强调是竞争行为，主要排除的是私人活动、官方活动、企业内部行为等。

在"猎豹浏览器屏蔽广告案"中，二审法院将"有可能损害他人，并有可能给自己带来利益"作为判断当事人之间存在竞争关系的标准，认为如果只损害他人而对行为人未带来利益，则无法认定二者具有竞争关系。并以"企业员工基于不满，对企业经营场所进行破坏"为例，说明因员工未因此得到利益故不能认定竞争关系。但事实上，"员工基于不满破坏企业经营场所"根本不是竞争行为，更无须论证其与企业之间是否具有竞争关系。将该假设情形引申一步，假如是企业的竞争对手破坏其经营场所（比如，两家相邻的餐厅，一家破坏另一家店面导致其无法正常营业），虽然双方之间毫无疑问存在竞争关系，并且被告的行为显然对原告造成损害，而其可能因此获利，但受害企业是否可以主张构成不正当竞争行为仍然会有疑问。因为该行为并非商业竞争行为，故是否适用反不正当竞争法，根本的判断标准是经营者所从事的行为是否为竞争行为，而非当事人之间是否具有竞争关系。

5.3.3 竞争关系与原告主体资格以及损害赔偿

我国 2012 年第二次修正的《民事诉讼法》第 119 条规定：原告是与案件"有直接利害关系"的主体。原告起诉被告某行为构成不正当竞争，应证明其与该行为有直接的利害关系。在最高人民法院 2004 年相关文件中，该利害关系同样以"竞争关系"来定义：有权提起不正当竞争诉讼的主体是与被告之间存

---

❶ 郑友德，范长军. 反不正当竞争法一般条款具体化研究——兼论《中华人民共和国反不正当竞争法》的完善 [J]. 法商研究，2005（5）：124-134.

在特定、具体的竞争关系的主体。❶ 有学者也认为，竞争关系通常可以作为认定是否具有损害的要素，或者可以根据竞争关系来认定原告资格，但不能把竞争关系作为构成不正当竞争行为的要件，更不是适用反不正当竞争法的前提。❷

把竞争关系作为判断原告资格的要素，较之将其作为不正当竞争行为要件在逻辑上更合理，但实践中可能差别不大，仅仅是被告将"双方不存在竞争关系，故其行为不构成不正当竞争"的抗辩变更为"双方不存在竞争关系，故原告没有资格提起诉讼"而已。故本书认为，在原告主体资格的判断上坚持民事诉讼法规定的"直接利害关系"标准即可，不宜再引入所谓的竞争关系标准。比如在一个虚假宣传案件中，被告在其产品宣传中称有100多项专利技术等，原告与被告签订经销合同，获得授权开设被告产品专卖店。后原告认为被告存在虚假宣传，故请求解除合同。经法院释明，原告坚持按照《反不正当竞争法》主张被告构成虚假宣传。法院认为，所谓竞争关系不仅要看经营者从事业务的替代性，更要看经营者经营利益的损益关联。原被告之间并非平行关系，而是纵向关系，并不存在市场利益冲突，被告的宣传行为对原告只存在正向影响而不是相反。双方没有竞争关系，原告并非虚假宣传不正当竞争之诉的适格主体。❸ 但法院并未因认定原告主体不适格而裁定驳回起诉，仍然在实体审查了被告的宣传行为不产生解除合同的法律效果之后，驳回原告的诉讼请求，事实上审理了虚假宣传和合同两个

---

❶ 《加大知识产权司法保护力度依法规范市场竞争秩序》，时任最高人民法院副院长曹建明在全国法院知识产权审判工作工作座谈会上的讲话（2004-11-11）。

❷ 孔祥俊. 论反不正当竞争法的新定位 [J]. 中外法学，2017（3）：736-757.

❸ 湖北省武汉市中级人民法院（2015）鄂武汉中知初字第02601号民事判决书。该案原告上诉后撤回，一审判决生效。

纠纷。假如被告确实构成虚假宣传，原告是否因为与其签订了经销合同而丧失了主张该行为构成不正当竞争的资格？本书认为，对原告资格不宜做过多限制，只要其证明与被告的行为有特定的关系，建立了特定化的联系即可认定有"直接利害关系"。前述最高人民法院相关文件中的论述实质上含义足够宽泛，但一旦冠之以"竞争关系"的名义，又不可避免陷入目前的种种争论之中。

竞争关系可能影响到被告行为是否对原告有具体的损害，此问题可以在确定赔偿阶段解决。比如在中国工艺美术学会织锦委员会为原告的案件中，被告产品收藏证书称"中国织锦专业委员会"监制，但事实上并不存在该委员会。法院认定被告"虚构看似权威却并不存在的组织"在其产品上，构成虚假宣传，但原告为非营利性质社会团体，与被告之间无竞争关系，故赔偿损失请求不予支持，仅支持诉讼合理费用。❶

反不正当竞争法未赋予消费者诉权，一般的理解是避免对经营者造成过重的诉讼负担。但经营者与消费者不同，其是以营利为目的的"经济人"，如果某项行为未损害其利益，一般不会花费成本提起诉讼，故从损害赔偿角度进行限制，未证明损害的无法得到赔偿，基本即可以避免过多起诉的风险。

实践中还有一种观点认为，对于特定的竞争行为，如仿冒，狭义的竞争关系仍然是必要条件。❷ 一方面，所谓的仿冒应当以相同或类似产品为限，是实体判断是否容易造成混淆时的考虑

---

❶ 南京市玄武区人民法院（2015）玄知民初字第 11 号民事判决书。该案一审生效。

❷ 奇虎公司、奇智公司与百度公司不正当竞争案，北京二中院（2014）二中民（知）初字第 9577 号民事判决中认为：反不正当竞争法对竞争秩序的维护可以分为两个层次：一是维护具有直接竞争关系的经营者之间的正当竞争秩序，二是维护整个市场的竞争秩序，禁止经营者通过不正当手段获取顾客，通过不正当竞争获取

因素，而非将其作为提起反不正当竞争法之诉的前提。对于非同业经营者，是以双方之间不存在竞争关系为由不赋予其主体资格，还是实体审查之后认为不会导致混淆从而在实体上驳回诉讼请求。本书认为还是后者更为稳妥，而且考虑到前述对市场主体理性人的假设，也不会造成过多无关的诉讼，增加的制度成本不会超出可承受的范围。

小　结

类型化是一般条款具体化的通常途径，但结合我国反不正当竞争法一般条款案件的实际来看，类型化在操作上存在难度，方法上亦存在局限性，故对于缺乏明确类型化参照的案件，仍然需要法官通过价值补充的方法进行裁判。前文已述，本书将我国适用反不正当竞争法一般条款的案件分为两类：与知识产权相关权益保护有关以及其他。后一类案件中更直接涉及行为的正当性评价问题，较难进行类型化的概括，需要以价值补充的方式使得一般条款得以适用。反不正当竞争法一般条款多采用"诚实信用""善良风俗""诚实惯例""商业道德"等具有某种道德色彩的术语，本书认为上述词语均具有足够的包容性，可以容纳对不正当竞争的实质判断标准，所谓的道德标准和经济标准之间并没有本质的对立。总体上"不正当"的判断标准呈现出客观化的趋势，竞争本身的标准，即竞争行为的效果评估更加重要。鉴于涉及网络的新型不正当竞争案件

（接上注）
比其他诚实正当的经营者更多的交易机会。狭义的竞争关系对于特定的不正当竞争行为，如仿冒，是必要条件，但对于其他竞争行为而言，从更广的范围看，最终意义上都是争夺用户优先的交易机会。

是目前适用一般条款的重要类型，案件数量多，影响和争议也较大，且具有自身的特点，本书以该类纠纷为背景讨论反不正当竞争法一般条款的价值补充问题。借鉴奥地利学者威尔勃格的"动态系统"理论，构建判断涉及网络的竞争行为正当性判断的考量因素，并考虑因素之间的相互影响，最终得出结论。影响行为正当性判断的因素，首先是各方经营者的利益考量，包括原告所要求保护的利益、被告行为对原告利益的影响、原告采取避免损害措施的可能性及成本、被告正当的竞争需求、被告的行为是否歧视性针对原告等。在此基础上，还需考虑被告行为对消费者利益以及公共利益的影响，消费者利益主要体现在知情权和选择权方面，纯粹的用户体验等利益更多应通过市场自行解决。公共利益更多是指公众对于不受扭曲的市场竞争本身的利益，而非其他泛泛的公共利益或者是消费者利益等某些群体的利益，行为对竞争效果的影响对于其正当性评价有着越来越重要的作用，而涉及经营者利益的考虑因素中均贯穿了竞争秩序和竞争机制的考量。互联网领域另一个重要特点是有较多的行业规范、自律公约以及作为互联网发展基础的技术规范等，在确认相关内容的正当性之后，可以作为商业道德的渊源之一，从而成为评价行为正当与否的重要的参考性依据。诚信原则和商业道德的评价与竞争效果评价并不冲突，可以进行综合考虑。关于竞争关系，本书认为其既不是反不正当竞争法适用的前提，也不是认定不正当竞争行为的前提。反不正当竞争法与一般侵权法的区别应在于其调整的是否是竞争行为，而非当事人之间是否存在竞争关系。司法实践中关于广义竞争关系的论述，事实上已经不再要求双方具有竞争关系，勉强冠之以"竞争关系"的名义不但无益地增加法院和当事人的论证负担，而且容易出现不顾逻辑强行认定竞争关系，或者以不具有竞争关系为由回避对行为是否不正当的实质审查等问题。对于原告主体资格的认定，坚持民事诉讼法规定的"直接利害关系"标准即可，亦无必要引入竞争关系标准。竞争关系有可能对原告是否因被告行为受到损害、是否可主张损害赔偿有影响，在确定赔偿阶段解决即可。考虑到竞争者均为市场主体，其"经济人""理性人"的本性决定其不会无故提起诉讼，不以竞争关系来限制不正当竞争案件原告主体资格并不会导致诉讼的泛滥。

结　语

　　一般条款是反不正当竞争法中的"帝王条款"，其反映了最根本的竞争行为标准和要求，面对纷繁多样并且不断变化的市场竞争行为，一般条款的存在有其必然性和合理性。正如徐国栋教授认为，成文法所具有的普遍性和确定性特点不可避免地带来不周延性、滞后性、不合目的性等局限，法律一方面要追求安全，一方面又不得不部分牺牲安全以换取灵活，这构成法律的局限性和价值选择之间的"二律背反背景"[1]。民法基本原则的引入正是基于上述背景，在法定主义与自由裁量之间寻求折中，以赋予法官自由裁量权的方式克服成文法的局限性，寻求法律适用中的具体妥当性。反不正当竞争法一般条款的引入反映了同样的矛盾和折中。面对一般条款这个"授权书"或者"委任状"，法官应如何操作，使得一般条款既能发挥被期待的效果，在法律明文规定之外，对不正当的竞争行为予以制止，维护公平竞争秩序，同时又具有一定的可预期性和一致性，不致对市场竞争造成不必要的干预，成为一般条款适用过程中始终要面对的问题。

　　从原则与规则的关系出发，穷尽规则方能适用规则，禁止向一般条款逃避是法律适用的基本要求。虽然对于一般条款的

---

[1] 徐国栋. 民法基本原则解释（增订本）[M]. 北京：中国政法大学出版社，2001：172-183.

适用仍属于法律解释的范畴还是应属于漏洞补充尚有不同的观点❶，但适用一般条款事实上是在立法者的价值判断之外引入法官的价值判断，应足够审慎，以保证该引入确有必要。反不正当竞争法对市场竞争行为进行调整，而普遍接受的观念是：自由竞争是达到资源配置最优化的有效途径，对于法律没有明确规定、需要通过一般条款将某行为认定为不正当竞争从而予以禁止更须持审慎态度，以免不适当地干预市场和阻碍竞争。如同侵权法要在"权益保护"和"行为自由"之间达到更好的平衡一样，反不正当竞争法的保护也应在自由竞争和公平竞争之间达到平衡。从侵权法对于绝对权之外的其他利益的保护来看，纯粹经济利益受到损害并非必然应得到赔偿，只有符合特定的条件才可以得到赔偿；从知识产权法保护和扩大公有领域、促进社会科技和文化进步的制度目标来看，同样应采取"自由模仿是原则，知识产权保护是例外"的立法政策。上述分析指向了共同的结论，即总体上，反不正当竞争法一般条款的适用应当以竞争自由为逻辑起点。对于专门权利保护之外的经营成果，应当以不保护、自由模仿为原则，只有特定的、不正当的行为才应该被禁止。市场主体享有竞争的自由，由于竞争对其他经营者造成的损害并不导致其行为不正当，只有确实违背诚信原则和商业道德、对其他经营者和消费者以及竞争秩序造成损害的行为，才有必要以一般条款予以规制。我国目前反不正当一般条款的适用中体现出"有损害即应赔偿"的补偿冲动，应予摒弃。

一般条款作为待补充的规则，需经具体化之后才能成为裁

---

❶ 如德国卡纳里斯教授认为属于法律解释，因为已经有了"法律上的指令"且不违反法律的计划性。黄茂荣先生则认为属于漏洞补充。参见：于飞.公序良俗原则研究——以基本原则的具体化为中心［M］.北京：北京大学出版社，2006：167-168.

判的依据。类型化是具体化的典型方法，但在我国，对反不正当竞争法一般条款案件进行类型化的努力目前为止尚没有很成功的总结。类型化方法有其自身的局限性，比如其应该是在大量研究案例的基础上进行的总结和归纳，故具有一定的迟延性；随着社会的发展，必然又会发展出原有类型无法涵盖的新型纠纷，故类型化又具有不周延性和滞后性。于飞教授认为，如果认为类型化可以完全表达一般条款的含义，相当于在一般条款内部又实行了"法定主义"，有违引入一般条款的用意。❶ 故在类型化之外，价值补充的方法仍然不可或缺。结合我国目前实践中适用反不正当竞争法一般条款的突出问题，大致可以以相关纠纷是否与知识产权相关权益保护有关为标准进行二分。在与知识产权相关权益有关的案件中，适用一般条款的突出问题在于未充分考虑知识产权法的立法政策和制度目标对一般条款适用的限制作用，而在与知识产权相关权益保护无关的案件中，突出问题在于仍然受到权益保护思路的影响，对行为正当性的分析简单化和表面化，未作实质性的利益衡量和价值补充。

　　反不正当竞争法一般条款的保护不应与知识产权法的立法政策和制度目标相冲突。本书借鉴美国法下解决联邦知识产权法先占问题的原则，提出以"保护对象"和"同等权利"两个条件作为判断是否冲突的依据，即反不正当竞争法一般条款不得对知识产权法的保护对象提供与知识产权法同等性质的保护，如果一般条款的保护并不要求知识产权法保护之外的"额外要件"，则视为其提供了同等性质的保护。比如，对于超过著作权保护期的作品，如果适用反不正当竞争法一般条款禁止他人的复制行为，应视为提供了同等性质的保护，从而与著作权法的

---

❶ 于飞. 公序良俗原则研究——以基本原则的具体化为中心 [M]. 北京：北京大学出版社，2006：161-165.

立法政策相冲突，不应允许；但如果一般条款的保护限于禁止在商品上引起混淆的使用，则该保护具有"额外要件"，不是与著作权法同等的保护，不违反著作权法的立法政策和制度目标。对于作品中的人物等作品要素，如果构成受著作权法保护的表达，他人使用类似要素创作新作品的行为自然构成对著作权的侵犯；如果其不构成"表达"，则在著作权法下他人使用类似元素创作新作品的行为应属自由，也不应再以反不正当竞争法一般条款来禁止该特定行为。

商标法和反不正当竞争法均对商业标识提供保护，二者之间关系更为密切。在1993年《反不正当竞争法》下，适用一般条款的案件大量与商业标识有关，2017年《反不正当竞争法》对仿冒条款的修改使得其对于未注册的商业标识的保护更加完善，并且增加的兜底条款可以解决未列举的商业标识保护问题以及注册商标与未注册商业标识的冲突问题。本书认为，2017年《反不正当竞争法》实施后，以该法第6条保护未注册商业标识，依据商标法保护注册商标，对于商业标识的保护基本无须再适用一般条款。目前实践中在解决竞价排名纠纷时通常采用的、以是否商标性使用来作为适用商标法或反不正当竞争法的区分标准并不妥当，容易导致商标法对非商标性使用完全未作调整，从而反不正当竞争法可以自由进行评价的误解，忽视商标法可能对该行为已经做出的不侵权的结论。如果他人对商标的使用是在表达意义上的使用，根据商标法不构成对商标权的侵犯，也不应以适用反不正当竞争法一般条款的方式再将该行为重新纳入商标权人的控制范围。

在目前引起较多争议的涉及网络的新型不正当竞争纠纷中，更多地涉及经营者的某种商业模式或者特定的经营成果，与知识产权权益关系不大，适用一般条款对行为的正当性进行判断时，适合采用价值补充的方式，进行充分的利益衡量，而不是简单地以原告所主张的利益合法、被告行为对其造成损害即得出行为不正当的结论。本书采用奥地利学者威尔勃格的"动态系统"理论，提出应综合考虑如下因素并考虑因素之间的相互影响，最终得出结论：各方经营者的利益考量（包括原告所要求保护的利益、被告行为对原告利益的影响、原告采取避免损害措施的可能性及成本、被告正当的竞争需求、被告的行为是否歧视性针对原告等）；消费者的知情权和选择权以及公共利益等。

主要参考文献

(一) 中文专著、译著

[1] 董晓敏. 美国不正当竞争中的盗用研究 [M]//郑成思. 知识产权文丛:第9卷. 北京:中国方正出版社,2003:285-336.

[2] 杜颖. 社会进步与商标观念:商标法律制度的过去、现在和未来 [M]. 北京:北京大学出版社,2012.

[3] 范长军. 德国反不正当竞争法研究 [M]. 北京:法律出版社,2010.

[4] 黄海峰. 知识产权的话语与现实——版权、专利与商标史论 [M]. 武汉:华中科技大学出版社,2011.

[5] 黄茂荣. 法学方法与现代民法 [M]. 北京:中国政法大学出版社,2001.

[6] 孔祥俊. 反不正当竞争法新论 [M]. 北京:人民法院出版社,2001.

[7] 孔祥俊. 商标与不正当竞争法原理与判例 [M]. 北京:法律出版社,2009.

[8] 孔祥俊. 反不正当竞争法的创新性适用 [M]. 北京:中国法制出版社,2014.

[9] 李琛. 论知识产权法的体系化 [M]. 北京:北京大学出版社,2005.

[10] 李琛. 著作权基本理论批判 [M]. 北京:知识产权出版社,2013.

[11] 李明德,闫文军,黄晖,等. 欧盟知识产权法 [M]. 北京:法律出版社,2010.

[12] 李明德. 美国知识产权法 [M]. 2版. 北京:法律出版社,2014.

[13] 梁慧星. 民法解释学 [M]. 北京：中国政法大学出版社，1995.
[14] 林诚二. 民法理论与问题研究 [M]. 北京：中国政法大学出版社，2000.
[15] 刘春田. 知识产权法 [M]. 北京：中国人民大学出版社，2009.
[16] 卢海君. 版权客体论 [M]. 北京：知识产权出版社，2011.
[17] 彭学龙. 商标法的符号学分析 [M]. 北京：法律出版社，2007.
[18] 世界知识产权组织国际局. 世界反不公平竞争法的新进展 [M]//漆多俊. 经济法论丛：第1卷. 北京：中国方正出版社，1998：277-337.
[19] 王泽鉴. 民法思维：请求权基础理论体系 [M]. 北京：北京大学出版社，2010.
[20] 文学. 商标使用与商标保护研究 [M]. 北京：法律出版社，2008.
[21] 吴秀明. 竞争法研究 [M]. 台北：元照出版社，2010.
[22] 谢晓尧. 竞争秩序的道德解读：反不正当竞争法研究 [M]. 北京：法律出版社，2005.
[23] 谢晓尧. 在经验与制度之间：不正当竞争司法案例类型化研究 [M]. 北京：法律出版社，2010.
[24] 徐聪颖. 论商标的符号表彰功能 [M]. 北京：法律出版社，2011.
[25] 徐国栋. 民法基本原则解释（增订本）[M]. 北京：中国政法大学出版社，2001.
[26] 姚鹤徽. 商标法基本问题研究 [M]. 北京：知识产权出版社，2015.
[27] 于飞. 公序良俗原则研究——以基本原则的具体化为中心 [M]. 北京：北京大学出版社，2006.
[28] 余俊. 商标法律进化论 [M]. 武汉：华中科技大学出版社，2011.
[29] 曾陈明汝. 商标法原理 [M]. 北京：中国人民大学出版社，2003.
[30] 卡尔·拉伦茨. 法学方法论 [M]. 陈爱娥，译. 北京：商务印书馆，2003.
[31] 克雷斯蒂安·冯·巴尔. 欧洲比较侵权行为法（上卷）[M]. 张

新宝，译. 北京：法律出版社，2004.
[32] 克雷斯蒂安·冯·巴尔. 欧洲比较侵权行为法（下卷）[M]. 焦美华，译. 北京：法律出版社，2004.
[33] 弗诺克·亨宁·博德维希. 全球反不正当竞争法指引 [M]. 黄武双，刘维，陈雅秋，译. 北京：法律出版社，2015.
[34] 沃尔夫冈·黑费梅尔. 通过司法和学说使《反不公平竞争法》的一般条款具体化 [M] // 漆多俊. 经济法论丛：第 3 卷. 北京：中国方正出版社，2000.
[35] Robert P. Mergers, Peter S. Menell, Mark A. Lemley, Thomas M. Jorde. 新技术时代的知识产权法 [M]. 齐筠，张清，彭霞，等，译. 北京：中国政法大学出版社，2003.
[36] 洛克. 政府论（下篇）[M]. 叶启芳，瞿菊农，译. 北京：商务印书馆，1996.
[37] 杰里米·菲利普斯. 商标法：实证性分析 [M]. 马强，译. 北京：中国人民大学出版社，2014.

（二）中文论文

[1] 蔡永煌. 论反不正当竞争法与知识产权法的竞合关系 [J]. 知识产权，1997（2）：32-36.
[2] 曹丽萍，张璇. 网络不正当竞争纠纷相关问题研究——《反不正当竞争法》类型化条款与一般条款适用难点探析 [J]. 法律适用，2017（1）：16-22.
[3] 柴耀田. 反不正当竞争法一般条款的体系化功能——德国 2015 年《反不正当竞争法》改革对中国修法的启示 [J]. 电子知识产权，2016（10）：16-26.
[4] 崔国斌. 知识产权法官造法批判 [J]. 中国法学，2006（1）：144-164.
[5] 邓宏光. 商标混淆理论之新发展：初始兴趣混淆 [J]. 知识产权，2007（3）：72-77.

[6] 董笃笃.《反不正当竞争法》的定位与功能[J]. 法治研究, 2016 (4): 142-149.

[7] 冯颢宁. 商品化权"新型知识产权说"之证伪[J]. 电子知识产权, 2016 (5): 48-56.

[8] 葛云松. 纯粹经济损失的赔偿与一般侵权行为条款[J]. 中外法学, 2009 (5): 689-736.

[9] 葛云松.《侵权责任法》保护的民事权益[J]. 中国法学, 2010 (3): 37-51.

[10] 龚雯怡. 美国商标法新发展: 初始兴趣混淆很难适用关键词广告 [J]. 中华商标, 2015 (3): 56-60.

[11] 郭禾. 公平竞争与知识产权保护的协调[J]. 河南社会科学, 2005 (11): 5-8.

[12] 何炼红, 邓文武. 商品化权之反思与重解[J]. 知识产权, 2014 (8): 3-9.

[13] 黄汇. 售前混淆之批判和售后混淆之证成——兼谈我国《商标法》的第三次修改[J]. 电子知识产权, 2008 (6): 11-13.

[14] 黄武双, 李进付. 从售中"混淆"到"初始利益混淆"——利益平衡视角下的网络搜索关键词商标侵权认定[J]. 中华商标, 2007 (10): 42-47.

[15] 胡洪. 竞价排名的商标侵权分析——以初始利益混淆理论为视角 [J]. 网络法律评论, 2012 (1): 56-69.

[16] 蒋舸. 关于竞争行为正当性评判泛道德化之反思[J]. 现代法学, 2013 (6): 85-95.

[17] 蒋舸. 反不正当竞争法一般条款的形式功能与实质功能[J]. 法商研究, 2014 (6): 140-148.

[18] 蒋舸.《反不正当竞争法》一般条款在互联网领域的适用[J]. 电子知识产权, 2014 (10): 44-50.

[19] 孔祥俊. 论反不正当竞争法修订的若干问题——评《中华人民共和国反不正当竞争法（修订草案）》[J]. 东方法学, 2017 (3):

2-17.
[20] 孔祥俊. 论反不正当竞争法的现代化 [J]. 比较法研究, 2017 (3): 37-55.
[21] 孔祥俊. 论反不正当竞争法的新定位 [J]. 中外法学, 2017 (3): 736-757.
[22] 孔祥俊. 论反不正当竞争法的竞争法取向 [J]. 法学评论, 2017 (5): 18-31.
[23] 兰磊. 比例原则视角下的《反不正当竞争法》一般条款解释——以视频网站上广告拦截和快进是否构成不正当竞争为例 [J]. 东方法学, 2015 (3): 68-81.
[24] 李锦. 论"公认的商业道德": 基于判例的整理与研究 [J]. 法学研究, 2012 (11): 28-30.
[25] 李明德. 关于反不正当竞争法的几点思考 [J]. 知识产权, 2015 (10): 35-44.
[26] 李小武. 还《反不正当竞争法》以应有地位——兼评 3721 网络实名案 [J]. 清华法学, 2008 (4): 144-159.
[27] 李扬. 互联网领域新型不正当竞争行为类型化之困境及其法律适用 [J]. 知识产权, 2017 (9): 3-12.
[28] 李颖, 陈敏. 浏览器不正当竞争案件调研报告 [J]. 竞争政策研究, 2015 (4): 122-130.
[29] 梁慧星. 诚实信用原则与漏洞填补 [J]. 法学研究, 1994 (2): 22-29.
[30] 梁慧星. 我国《侵权责任法》的几个问题 [J]. 暨南学报（哲学社会科学版）, 2010 (3): 2-15.
[31] 刘春田. 司法对《反不正当竞争法》的补充和整合 [J]. 法律适用, 2005 (4): 7-10.
[32] 刘春田. 修法要给法的"适用"留下空间. 微信公众号"君策 Justra", [2017-9-27].
[33] 刘继峰. 反不正当竞争法的"不可承受之轻"——论一般条款的

缺失及原则受限的改进［J］．北京化工大学学报（社会科学版），2010（3）：22-26．

［34］刘丽娟．论知识产权法与反不正当竞争法的适用关系［J］．知识产权，2012（1）：27-35．

［35］刘敏．论"初始兴趣混淆"原则在中国司法中的适用［J］．法律适用，2014（4）：59-64．

［36］刘维．反不正当竞争法一般条款的适用边界［J］．上海政法学院学报（法治论丛），2011（6）：42-48．

［37］刘银良．角色促销：商品化权的另一种诠释［J］．法学，2006（8）：22-33．

［38］卢纯昕．反不正当竞争法一般条款在知识产权保护中的适用定位［J］．知识产权，2017（1）：54-62．

［39］Mark A. Lemley．杜颖，兰振国，译．财产权、知识产权和搭便车［J］．私法，2012（1）：123-162．

［40］孟雁北．论我国反不正当竞争法之修订：包容、增减与细化［J］．中国工商管理研究，2015（2）：60-67．

［41］穆颖．如何从竞争法的角度实现知识产权的价值——简评"极轻模式"视频聚合案［J］．竞争政策研究，2016（6）：85-90．

［42］邱政谈，孙黎卿，翁才林．金庸诉江南——同人作品侵权谈［EB/OL］．微信公众号"知产力"，［2016-12-1］．

［43］邵建东．《反不正当竞争法》中的一般条款［J］．法学，1995（2）：33-35．

［44］邵建东．我国反不正当竞争法的一般条款及其在司法实践中的应用［J］．南京大学法律评论，2003（1）：196-205．

［45］邵建东．论我国反不正当竞争法保护"经营性成果"的条件［J］．南京大学学报（哲学·人文科学·社会科学版），2006（1）：46-52．

［46］沈俊杰．侵犯商标权还是不正当竞争——从大众搬场诉百度网络案看售前混淆的法律适用［J］．中华商标，2011（7）：36-41．

[47] 舒国滢. 法律原则适用中的难题何在 [J]. 苏州大学学报（哲学社会科学版），2004（6）：18-20.

[48] 舒国滢. 法律原则适用的困境——方法论视角的四个追问 [J]. 苏州大学学报（哲学社会科学版），2005（1）：26-31.

[49] 宋红松. 反不正当竞争与知识产权保护 [J]. 烟台大学学报（哲学社会科学版），2002，15（3）：259-267.

[50] 陶钧. 涉网络不正当竞争纠纷的回顾与展望——"一般条款"的理解与适用. 微信公众号"知产力". 2015年8月27日；9月4日；9月10日；11月6日；11月20日.

[51] 陶鑫良. 非公益必要不干扰原则与反不正当竞争法一般条款适用 [J]. 电子知识产权，2015（3）：25-30.

[52] 王博文. 德国反不正当竞争法私法属性的历史和理论建构（上）[J]. 竞争政策研究，2016（4）：19-30.

[53] 王博文. 德国反不正当竞争法私法属性的历史和理论建构（下）[J]. 竞争政策研究，2016（5）：31-41.

[54] 王成. 侵权之"权"的认定与民事主体利益的规范途径——兼论《侵权责任法》的一般条款 [J]. 清华法学，2011（2）：48-70.

[55] 王先林. 我国《反不正当竞争法》的封闭性与一般条款的完善 [J]. 中国工商管理研究，2003（8）：43-45.

[56] 王先林. 论反不正当竞争法调整范围的扩展——我国《反不正当竞争法》第2条的完善 [J]. 中国社会科学院研究生院学报，2010（6）：64-72.

[57] 王先林. 反不正当竞争法保护知识产权的特点与制度完善 [J]. 中国工商管理研究，2011（4）：31-33.

[58] 韦之. 论不正当竞争法与知识产权法的关系 [J]. 北京大学学报（哲学社会科学版），1999（6）：25-33.

[59] 吴峻. 反不正当竞争法一般条款的司法适用模式 [J]. 法学研究，2016（2）：134-153.

[60] 谢晓尧，吴思罕. 论一般条款的确定性 [J]. 法学评论，2004

(3): 21-28.

[61] 谢晓尧. 商品化权：人格符号的利益扩张与衡平 [J]. 法商研究, 2005 (3)：81-87.

[62] 谢晓尧. 未阐明的规则与权利的证成——不正当竞争案件中法律原则的适用 [J]. 知识产权, 2014 (10)：3-14.

[63] 谢晓尧, 吴楚敏. 转换的范式：反思知识产权理论 [J]. 知识产权, 2016 (7)：3-24.

[64] 薛军. 质疑"非公益必要不干扰原则" [J]. 电子知识产权, 2015 (1)：66-70.

[65] David Vaver. 知识产权的危机与出路 [J]. 李雨峰, 译. 知识产权, 2007 (4)：88-96.

[66] 于飞. 侵权法中权利与利益的区分方法 [J]. 法学研究, 2011 (4)：104-119.

[67] 于飞. 违背善良风俗故意致人损害与纯粹经济损失保护 [J]. 法学研究, 2012 (4)：43-60.

[68] 余晖.《反不正当竞争法》第二条适用的考量因素 [J]. 竞争政策研究, 2016 (4)：12-18.

[69] 袁荷刚. 知识产权法与反不正当竞争法关系之检讨——以知识产权法定主义为视角 [J]. 法律适用, 2011 (4)：66-68.

[70] 张广良. 具有广告过滤功能浏览器开发者的竞争法责任解析 [J]. 知识产权, 2014 (1)：8-11.

[71] 张广良. 竞争法对知识产权的保护与限制 [J]. 法学杂志, 2015 (2)：71-78.

[72] 张平.《反不正当竞争法》的一般条款及其适用——搜索引擎爬虫协议引发的思考 [J]. 法律适用, 2013 (3)：46-51.

[73] 张钦坤. 中国互联网不正当竞争案件发展实证分析 [J]. 电子知识产权, 2014 (10)：26-37.

[74] 张钦坤. 反不正当竞争法一般条款适用的逻辑分析——以新型互联网不正当竞争案件为例 [J]. 知识产权, 2015 (3)：30-36.

[75] 张钦坤, 刘娜. 浅析屏蔽视频广告行为的违法性 [J]. 中国版权, 2015 (4): 41-45.

[76] 郑友德, 范长军. 反不正当竞争法一般条款具体化研究——兼论《中华人民共和国反不正当竞争法》的完善 [J]. 法商研究, 2005 (5): 124-134.

[77] 郑友德, 万志前. 德国反不正当竞争法的发展与创新 [J]. 法商研究, 2007 (1): 125-133.

[78] 郑友德, 胡承浩, 万志前. 论反不正当竞争法的保护对象——兼评"公平竞争权" [J]. 知识产权, 2008 (5): 33-39.

[79] 郑友德, 伍春艳. 我国反不正当竞争法修订十问 [J]. 法学, 2009 (1): 57-71.

[80] 郑友德, 万志前. 论商标法和反不正当竞争法对商标权益的平行保护 [J]. 法商研究, 2009 (6): 93-100.

[81] 郑友德, 伍春艳. 论反不正当竞争法的一般条款——兼论《反不正当竞争法(修订草案送审稿)》第二条的完善 [J]. 电子知识产权, 2016 (6): 11-20.

[82] 郑友德, 张钦坤, 李薇薇, 等. 对《反不正当竞争法(修订草案送审稿)》的修改建议 [J]. 知识产权, 2016 (6): 3-22.

[83] 郑友德, 王活涛. 新修订反不正当竞争法的顶层设计与实施中的疑难问题探讨 [J]. 知识产权, 2018 (1): 3-18.

[84] 朱理. 互联网领域竞争行为的法律边界: 挑战与司法回应 [J]. 竞争政策研究, 2015 (4): 11-19.

[85] 朱翔. 网络环境中初始兴趣混淆理论的理解与适用——以美国"MTM v. Amazon"案为例 [J]. 中华商标, 2015 (10): 55-60.

(三) 学位论文

[1] 周樨平. 反不正当竞争法一般条款具体化研究 [D]. 南京: 南京大学, 2013.

(四) 外文文献

[1] Adam D. Moore. Intellectual Property: Moral, Legal, and International Dilemmas [M]. Rowman & Littlefield Publishers, Inc, 1997.

[2] McCarthy J. Thomas. McCarthy on Trademarks and Unfair Competition [M]. 4th ed. Westlaw. © 2012 Thomson Reuters.

[3] Louis Altman, MallaPollack. Callmann on Unfair Competition, Trademarks and Monopolies [M]. 4th ed. Westlaw. © 2017 Thomson Reuters.

[4] Peter Drahos. A Philosophy of Intellectual Property [M]. Dartmouth Publishing Company, 1996.

[5] Restatement of The Law, Third: Unfair Competition [M]. ST. PAUL. MINN., American Law Institute Publishers, 1995.

[6] Robert P. Merges. Justifying Intellectual Property [M]. Harvard University Press, 2011.

[7] Barton Beebe. The Semiotic Analysis of Trademark Law [J]. UCLA Law Review, 2004, 51 (3): 621-704.

[8] Dennis S. kajala. Copyright and Misappropriation [J]. University of Dayton Law Review, 1992, 17.

[9] Dennis S. kajala. Comments: Misappropriation As a Third Intellectual Property Paradigm [J]. Columbia Law Review, 1994, 94: 2594-2609.

[10] Douglas G. Baird. Common Law Intellectual Property and the Legacy of International News Service v. Associated Press [J]. University of Chicago Law Review, 1983, 50: 411-429.

[11] Frank I. Schechter. The Rational Basis of Trademark Protection [J]. Harvard Law Review, 1927, 40.

[12] Gary Myers. The Restatement's Rejection of the Misappropriation Tort: A Victory for the Public Domain [J]. South Carolina Law Review, 1996, 47: 673-707.

[13] Graeme B. Dinwoodie, Mark D. Janis. Confusion Over Use: Contextualism in Trademark Law [J]. Iowa Law Review, 2007, 92:

1597-1667.

[14] Julian Vallade. Adblock Plus and The Legal Implications of Online Commercial-Skipping [J]. Rutgers Law Review, 2009, 61 (3).

[15] Leo J. Raskind. The Misappropriation Doctrine As A Competitive Norm of Intellectual Property Law [J]. Minnesota Law Review, 1991.

[16] MargrethBarrett. Internet Trademark Suits and the Demise of "Trademark use" [J]. U. C. Davis Law Review, 2006, 39: 371-457.

[17] Mark A. Lemley. The Modern Lanham Act and the Death of Common Sense [J]. Yale Law Journal, 1999, 108: 1687-1710.

[18] Michael Grynberg. The Road not Taken: Initial Interest confusion, consumer search costs, and the challenge of the internet [J]. Seattle University Law Review, 2004, 28: 97-144.

[19] Partrick McNamara. Copyright Preemption: Effecting the Analysis Prescribed by Section 301 [J]. B. C. Law Reiew, 1983, 24 (4): 963-1016.

[20] Paul Heald. Federal Intellectual Property law and The Economics of Preemption [J]. Iowa Law Review, 1991, 76: 959-1010.

[21] Ross D. Petty. Initial Interest Confusion versus Consumer Sovereignty: A Consumer Protection Perspective on Trademark Infringement [J]. The Trademark Reporter, 2008, 98 (3): 757-788.

[22] Ralph S. Brown. Eligibility for Copyright Protection: A Search for Principled Standards [J]. Yale Law School Faculty Scholarship Series, 1985: 579-609.

[23] Ralph S. Brown. Advertising and The Public Interest: Legal Protection of Trade Symbols [J]. The Yale Law Journal, 1999, 57: 1164-1206

[24] Robert C. Denicola. Trademarks as Speech: Constitutional Implications of The Emerging Rationales For The Protection of The Trade Symbols [J]. Wisconsin Law Review, 1982.

[25] Robert C. Denicola, Harvey S. Perlman. A Foreword to The Symposium

on The Restatement of Unfair Competition [J]. South Carolina Law Review, 1996.
[26] Rochelle C. Dreyfuss. ExpressiveGenericity: Trademarks as Language in the Pepsi Generation [J]. Notre Dame Law Review, 2014, 65 (3): 397-424.
[27] Stacey L. Dogan, Mark A. Lemley. The Merchandising Right: Fragile Theory of Fait Accompli? [J]. Emory Law Journal, 2005, 54: 461-523.
[28] Stacey L. Dogan, Mark A. Lemley. Trademarks and Consumer Search Costs on the Internet [J]. Houston Law Review, 2004, 41: 777-847.
[29] Wendy J. Gordon. On Owing Information: Intellectual Property And The Restitutionary Impulse [J]. Virginia Law Review, 1992, 78 (1): 149-281.
[30] Wendy J. Gordon. A Property Right in Self-Expression: Equality and Individualism in the Natural Law of Intellectual Property [J]. The Yale Law Journal, 1993, 102 (7).
[31] William Partry. The Enumerated Powers Doctrine and Intellectual Property: An Imminent Constitutional Collision [J]. The George Washington Law Review, 1999, 67.